城市交通的环境政策评估

政策脱轨效应新框架

仇泸毅　何凌云 著

企业管理出版社
EMPH ENTERPRISE MANAGEMENT PUBLISHING HOUSE

图书在版编目（CIP）数据

城市交通的环境政策评估：政策脱轨效应新框架 / 仇泸毅，何凌云著．
—北京：企业管理出版社，2023.7

ISBN 978-7-5164-2829-0

Ⅰ．①城… Ⅱ．①仇… ②何… Ⅲ．①城市交通—环境政策—评估—中国
Ⅳ．① U491.2 ② X-012

中国国家版本馆 CIP 数据核字（2023）第 069965 号

书　　名: 城市交通的环境政策评估: 政策脱轨效应新框架
书　　号: ISBN 978-7-5164-2829-0
作　　者: 仇泸毅　何凌云
策　　划: 寇俊玲
责任编辑: 寇俊玲
出版发行: 企业管理出版社
经　　销: 新华书店
地　　址: 北京市海淀区紫竹院南路 17 号　　**邮　　编:** 100048
网　　址: http://www.emph.cn　　**电子信箱:** 1142937578@qq.com
电　　话: 编辑部（010）68701408　发行部（010）68701816
印　　刷: 北京虎彩文化传播有限公司
版　　次: 2023 年 8 月 第 1 版
印　　次: 2023 年 8 月 第 1 次印刷
开　　本: 710 毫米 ×1000 毫米　1/16
印　　张: 10.5
字　　数: 160 千字
定　　价: 68.00 元

前　言

伴随着我国城镇化的快速发展和城市集群的规模形成，城市发展面临诸多挑战，其中由于日益增长的城市道路交通需求带来的严重城市大气污染问题已经成为近些年被广泛关注、亟待解决的焦点问题之一。为此我国各级政府积极采取了一系列防治城市交通污染排放的政策措施，然而如何评估这些防治大气污染的城市道路交通政策实施后的效应，成为理论界和实践中关注的重要课题。

本书综合了管理学、计量经济学、环境经济学和自然科学等学科知识，首先，突破现有环境政策评估思路和方法的局限性，创新性地构建了评估环境政策的新体系：政策脱轨效应，为评估城市道路交通的能源环境政策提供理论依据；其次，分析我国目前防治大气污染的城市道路交通政策，并应用政策脱轨效应分别对我国城市道路交通——环境政策整体的实施效应，以及具有代表性的特定城市道路交通绿色政策的特定环境效应进行定量化评估；再次，从理论和仿真模拟的不同视角，探讨微观经济主体对政策的不同反应和行为决策对政策实施带来的城市道路交通污染排放及社会福利的影响；最后在以上研究基础上，总结目前我国城市道路交通绿色发展面临的挑战，借鉴发达国家和地区的成功城市交通发展经验，对未来我国城市道路交通绿色发展的不同路径进行研究，从而实现在不影响经济发展和交通需求的前提下，减少城市道路污染排放的目标。

本书的基本内容和主要观点如下：

第一，理论上环境政策的实施可能出现政策脱轨效应，政策失效；从脱轨效应角度分析，政策制定时的决策目标影响政策实施效果。

第二，我国现行防治大气污染的城市道路交通政策从整体上看没有产生政策脱轨效应，政策实施有效，但需要注意的是，长期政策脱轨效应数值逐渐接近零，存在长期政策失效的风险。选取的具有代表性特定城市道路交通——环境政策也没有产生政策脱轨效应，政策实施有效，对城市空气质量提升起到积极的正向作用。

第三，理论上微观主体如居民和企业发挥其主观能动性，会对提升环境质量起到正向促进作用，而且随着时间的推移，微观主体环保意识的提升将会比强制性城市道路交通政策表现出更多的优势。模拟仿真结果也表明微观主体对城市道路交通政策的反应和行为决策将会影响城市道路交通带来的污染排放，产生环境和社会福利效应。

第四，调整城市道路交通结构，推进清洁能源在城市道路运输行业的应用，技术进步将成为未来我国城市道路交通绿色发展的主要路径。

第五，政策制定时应综合考虑多层面目标，避免政策实施出现脱轨效应；城市交通发展过程中还需注意对政策实施的监管，保证其可持续发展；充分认识微观主体在政策实施中的作用；努力构建城市绿色交通发展体系。

在写作过程中，诚挚感谢合著者——我的博士生导师何凌云教授的指导和培养。感谢我的硕士生导师刘丽副教授的指导和关怀。感谢北京工商大学欧佳佳老师、北京大学胡雅淇博士提出的宝贵意见。感谢北京邮电大学牛堃瑛博士在书稿整理过程中的辛勤付出。感谢清华大学龚洋冉博士的大力支持。感谢企业管理出版社寇俊玲老师对出版工作的帮助和指导。感谢北京邮电大学及经济管理学院的领导和同事的关心和支持。

本书参考和借鉴了大量国内外学术研究、政府部门的相关资料与数据，并在书中一一标注，但仍有可能挂一漏万，在此向学者们表达衷心的感谢。限于作者的知识储备，研究得到的一些结论只是阶段性的，大量数据和实践背后所隐藏的含义还有待进一步论证和阐释，祈望专家学者和同行不吝赐教。

仇沪毅

2023 年 3 月

目　录

第 1 章　绪论 …… 1
1.1　研究背景与研究意义 …… 2
1.2　研究问题与研究目标 …… 8
1.3　研究思路与研究内容 …… 11
1.4　研究方法及主要创新 …… 14

第 2 章　相关研究综述 …… 19
2.1　城市道路交通污染排放外部性研究 …… 21
2.2　防治大气污染的交通政策评估研究 …… 27
2.3　现有研究的评述 …… 31

第 3 章　环境政策效应评估新体系：政策脱轨效应 …… 33
3.1　现有环境政策实施效应评估分析 …… 34
3.2　政策脱轨效应：评估新体系的理论构建 …… 36
3.3　政策脱轨效应：理论模型分析与应用 …… 43
3.4　本章小结 …… 54

第 4 章　我国城市道路交通——环境政策实施效应的实证评估 …… 56
4.1　我国防治大气污染的城市道路交通政策分析 …… 57
4.2　我国防治大气污染的城市道路交通政策整体效应评估 …… 63

4.3 我国防治大气污染的特定城市道路交通政策效应评估 …………… 71
4.4 本章小结 ……………………………………………………………… 81

第5章 基于微观主体的道路交通——环境政策效应模拟仿真 …………… 83
5.1 基于微观主体环保意识的道路交通——环境政策效应理论探析 … 85
5.2 基于居民出行需求的城市道路交通——环境政策模拟 …………… 96
5.3 基于企业交通方式选择的城市道路交通——环境政策仿真 ……… 107
5.4 本章小结 ……………………………………………………………… 113

第6章 未来我国城市道路交通绿色发展路径研究 ………………………… 115
6.1 我国当前城市道路交通绿色发展面临的挑战 ……………………… 116
6.2 现有城市道路交通绿色发展的国际经验总结 ……………………… 119
6.3 基于LEAP模型的城市道路交通绿色发展路径研究 ……………… 123
6.4 本章小结 ……………………………………………………………… 137

第7章 研究结论与政策建议 ……………………………………………… 139
7.1 主要研究结论 ………………………………………………………… 141
7.2 主要政策启示 ………………………………………………………… 144
7.3 进一步研究方向 ……………………………………………………… 145

参考文献 ……………………………………………………………………… 147

第1章

绪　论

1.1 研究背景与研究意义

1.1.1 研究背景

伴随着经济的快速发展，我国城镇化进程不断加快，城镇化率以年均1%的速度在增长。然而，由于我国发展前期主要是以牺牲环境为代价的规模速度型粗放式发展模式，城镇化快速发展和城市集群形成的同时也带来了很多亟须解决的问题，中国城市正面临的严重空气污染问题便是其一。2013年开始，我国多地遭遇严重污染天气，2013年空气污染波及25个省份，100多个大中型城市，全国平均污染天气（以雾霾天气为主）天数高达29.9天，创52年来之最。2016年世界银行发布的世界发展指数报告中显示，2013年我国$PM_{2.5}$浓度在世界主要国家中年平均浓度排名第一，高达54μg/m^3，第二是印度47μg/m^3，第三是韩国29μg/m^3，其他国家城市都在20μg/m^{3}以下。2015年，政府对全国74个城市首次开展监测考评，数据显示我国城市平均空气污染超标天数比例高达28.8%。2015年仅12月一个月北京市就多次启动了空气重污染红色预警。严重的城市空气污染不仅给中国经济造成巨大损失，同时还严重威胁了公共健康，损害了社会福利。陈仁杰等（2010）研究发现2006年仅大气细颗粒物污染就引起29.97万例过早死亡，9.26万例慢性支气管炎，762.51万例内科门诊，16.59万例心血管疾病住院和8.90万例呼吸系统疾病住院，而折算成货币将会使经济损失3414.03亿元。空气污染已经成为我国实现可持续发展，提高公众生活水平以及保障公共健康福利等目标的主要障碍。

如何有效地防治空气污染问题已经成为目前学术界和实践中亟须解决的

重要课题之一。生态环境部发布的《中国移动源环境管理年报（2022 年）》显示，“移动源污染已成为我国大中城市空气污染的重要来源，加强移动源污染治理的紧迫性日益凸显。”数据和研究表明，机动车尾气是悬浮颗粒物、硫氧化物、氮氧化物等大气污染物的主要来源，道路交通已经成为我国城市空气污染的重要来源。根据 2018 年 6 月生态环境部发布的《中国机动车环境管理年报（2018）》显示，“我国已连续九年成为世界机动车产销第一大国，机动车污染已成为我国空气污染的重要来源，是造成环境空气污染的重要原因。”研究同样发现目前交通部门，特别是机动车已经成为空气污染的主要原因。尤其在中国的一些超大城市、特大城市和大城市中，随着人流物流的大幅集聚，城市内部交通压力日益增大，图 1－1 显示近些年我国机动车保有量持续增加，特别是城市小汽车的需求日益增长，2012—2021 年的年均增速为 11. 3%，由此带来的空气污染排放也逐年增加。北京、天津、上海等 15 个城市大气 $PM_{2.5}$源解析工作结果显示，本地排放源中移动源对 $PM_{2.5}$浓度的贡献范围为 13. 5% ~52. 1%。2021 年，全国机动车四项污染物排放总量为 1557. 7 万吨。其中，一氧化碳（CO）、碳氢化合物（HC）、氮氧化物（NO_x）、颗粒物（PM）排放量分别为 768. 3 万吨、200. 4 万吨、582. 1 万吨、6. 9 万吨。汽车是污染物排放总量的主要贡献者，其排放的 CO、HC、NO_x 和 PM 占比超过

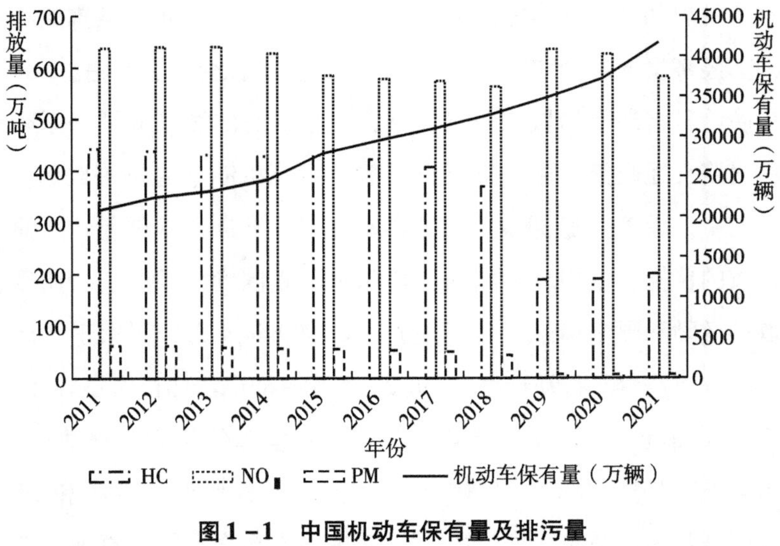

图 1－1　中国机动车保有量及排污量

90%。其中，柴油车 NO_x 排放量超过汽车排放总量的 80%，PM 超过 90%；汽油车 CO 超过汽车排放总量的 80%，HC 超过 70%。

城市道路交通带来的污染排放问题已经严重阻碍了我国的经济发展，对人民的健康福祉产生了严重的、长期的负面影响，造成了巨大经济损失和社会成本增加，现已成为我国实现可持续发展，保障公共健康福利以及提升人民生活水平等目标的重大障碍。研究发现，2007 年仅由道路交通排放的 $PM_{2.5}$ 污染就造成我国直接经济损失 3614 亿元，公共健康福利损失超过 2276 亿元。Guo 等（2010）的研究显示，2004—2008 年仅北京市一地的公共交通带来的空气污染造成健康经济损失累积就达到 11.90 亿美元。林瑜等（2017）研究显示，2013 年仅中国成都市的公共交通造成的空气污染所带来的经济损失就高达 30 亿元人民币，且数值在不断上升。Millman 等（2008）研究指出在中国室外空气污染每年大约造成死亡数大于 30 万，呼吸疾病数超过 2000 万例。还有研究者（平措，2006）预估，每年由空气污染造成的公共健康损失占中国 GDP 总量的 2% ~3%，如果问题得不到及时解决，到 2020 年，中国将为此付出超过 3900 亿美元的沉重经济损失，超过当时国内 GDP 的 13%。目前中国交通带来的污染排放社会外部性问题日益突出，严重影响了国民经济的可持续发展和实现小康社会的建设目标。因此，如何设计合理的机制路径在不影响经济发展和道路交通需求的前提下，解决道路交通污染排放社会外部性成为当前经济发展理论和实践中亟待解决的重大社会经济问题。

为了防治日益严重的城市空气污染，我国政府陆续采取了一系列针对能源环境的道路交通政策措施，重点提高清洁能源机动车的应用比例，交通工具的使用效率，缓解交通拥堵，提高燃料效率，推进技术创新，从而实现减少污染排放的目标。主要政策措施包括制定法规制度，采取税费制度以及各地方采取的激励和限制措施（见下表）。如 1999 年 4 月，国家正式启动“空气净化工程—清洁汽车行动计划”，近 20 个城市推广清洁汽车试点示范工程；2000 年 7 月 1 日起，在全国范围停止生产、销售和使用含铅汽油；2000 年，我国开始实施国Ⅰ排放标准，2005 年实施国Ⅱ排放标准，2008 和 2010 年又分别推行国Ⅲ及国Ⅳ排放标准，2017 年又进一步在全国推行更加严苛的国Ⅴ

标准。此外，很多具有高机动车保有量的地区开始施行机动车“限行”“限购”措施，并积极鼓励和推进新能源汽车的开发和使用，对新能源机动车的生产和购买进行补贴等。

我国关于交通部门防治空气污染的政策措施

类别	具体政策措施
制定法规制度	（1）1999 年正式启动“空气净化工程—清洁汽车行动计划” （2）2013 年颁布《大气污染防治行动计划》，明确发展绿色交通 （3）制定机动车排放标准、汽车燃料经济性标准法规 （4）淘汰老旧黄标车行动等
约束性税费制度	（1）征收车用燃油税 （2）征收车辆拥有的税费，如消费税、增值税、购置税等 （3）实施道路通行费，停车费等
激励性税费制度	（1）对新能源汽车的购买给予补贴或减税 （2）一些城市对于新能源汽车免收停车费 （3）对于充电桩建设给予补贴等
限制性措施	（1）对大中型城市的“限行”“限购”政策 （2）北京市对于货车在城市内行驶的限制规定等
鼓励性措施	（1）大力发展公共交通、轨道交通 （2）兴建如充电桩、充电站等配套基础设施等

除了上述主要以监管政策和行政手段为主的防治大气污染城市道路交通政策外，近些年我国陆续将环境保护政策重心转向经济政策工具。为矫正交通带来的污染排放社会外部性问题，经济学领域主要提出了两种不同的路径：

第一，基于庇古路径的税收和财政政策。庇古路径更倾向于通过政府的制度设计来促使外部性内部化。如通过对燃油机动车征收能源税（如燃油税）、碳税/硫税等方式，提高能源使用成本，使能源价格包含稀缺成本和环境成本，调节交通部门能源需求（例如降低能源消费）的同时，转向消费更清洁的能源，从而达到节能减排的目的。我国自 2009 年起实施成品油税费改革：一方面发挥公平税负的作用，体现“多用多缴，少用少缴”原则；另一方面将公共使用外部性内部化，期望能在一定程度上减轻公共拥挤，减少能源消耗和排放。然而，现有研究要么集中于道路交通政策对于空气质量的影响，要么多集中于对公共健康物理损害的估计，缺乏设计“交通政策—空气质量—公共健康福利”的整体研究。

第二，基于科斯路径的市场机制。科斯路径更倾向于通过市场交易形式来促使外部性内部化。Hass 和 Dales，Crocker 分别对大气排污权和水排污权交易进行了深入研究。随后美国在《空气清洁法案》对此做出立法性规定，并将其应用于实践中，取得了很好的效果。目前在中国科斯路径研究较多的是碳交易，关于交通带来污染排放的主要组成一氧化碳、二氧化硫、氮氧化物、颗粒物等的排污权交易制度还处于探索阶段，尚未出台具体的措施和方案。现有科斯路径的研究多集中在对工业排放的气体污染物进行交易，缺乏对道路交通的专门研究，对污染排放造成的社会成本问题尤其是对公众健康的外部性影响更是着墨甚少，有待深入。

然而，目前政府虽然采取了一系列政策措施来防治城市道路交通带来的空气污染，但是缺乏对这些政策措施实施效果的系统评估，如政策是否对环境质量产生影响，政策实施是否会阻碍经济发展，措施是否有利于社会福利的增长等。另外，政策的有效性和可持续性是政策制定者最为关心的问题之一。有些政策的实施，可能在短期呈现出一定的有效性，但是中长期发展下去，可能效果会慢慢退化，甚至出现负面影响。因此，对于防治大气污染的城市道路交通政策，其在具体实施过程中的效果如何，如何对这些环境政策的实施进行合理评估，是目前环境政策评价过程中无法回避，亟待解决的关键之一。但是分析现有研究文献，发现目前我国对于环境政策并未形成统一的评估规范制度和体系，现有的评估范例存在一定问题：运用一般公共政策评估模式进行环境政策评估时，存在评估目标不明确，可行的评估方法不完善，相关数据尚存不足等问题。而对具体环境政策进行评估时，由于不同领域的视角不同，采用不同的评估模式和方法，可能会带来不同的评估结果，目前有关城市道路交通政策的大气环境影响效果评估的研究相对比较匮乏。

综上所述，近年来中国城市道路交通需求日益增加，道路交通带来的污染排放巨大且增长迅速，这对我国城市环境质量、经济发展和公共健康福利造成越来越严重的影响。然而，长期以来我国道路交通能源环境相关政策主要以“节能减碳”为出发点和政策目标，往往忽视了对我国环境质量和公共健康福利的影响，甚至一些交通政策还在一定程度上抑制了微观主体交通的需求，甚至阻碍了经济发展。因此，我们必须对如下重要问题进行深入探讨：首先，如何客观合理评估防治大气污染的城市道路交通政策实施效应？其次，评估目前我国为了防治空气污染所采取的城市道路交通政策对环境、经济发展和社会福利带来怎样的影响？是否达到了政策的设计初衷？另外，通过怎样的制度设计，在不影响经济发展和交通需求的前提下，减少交通污染排放，减少公共健康损失，提升公共健康福利水平？这些问题已经无法回避，亟待解答。因此，本书将通过构建交通——环境政策效应评估的新体系，对我国城市道路交通的能源—环境政策的实施效果进行评估，并在此基础上对我国城市道路交通绿色发展路径进行探究，以在不影响经济发展、不抑制交通需求前提下，实现防治大气污染的政策目标。

1.1.2　研究意义

随着我国城镇化率的快速增长，城市交通得到快速发展，交通需求也逐渐增加，由交通部门带来的能源消费、有害气体排放已经成为我国城市空气污染的重要来源，严重的城市空气污染也进一步对我国经济发展和公共健康福利造成越来越大的影响。为此，我国政府采取了一系列城市交通方面的能源环境政策防治空气污染，然而就总体来看，我国城市空气污染状况仍旧不容乐观。对于我国防治大气污染的城市道路交通政策实施效果如何？具体给大气环境带来怎样的影响？是否达到设计时的目标？实施过程中微观主体对这些政策的反应和行为如何？我国城市道路交通如何实现绿色发展？这些问题需要运用科学的方法进行定量评估和研究，才能为政策制定者提供合理、科学的参考。因此，本书不仅具有显著的学术价值，还具有重大的应用价值和政策意义。

1. **学术价值**

本书的学术价值体现在从理论上创新地提出并构建了客观评估环境政策

实施效果的理论体系：政策脱轨效应。虽然国内已经对于道路交通带来的大气环境影响及空气污染带来的健康影响进行了理论和实践方面的研究，但是针对道路交通政策实施后产生的大气环境效应以及由于交通政策带来的社会福利效应的研究还不够深入，目前的政策评估体系还存在诸多约束，没有形成统一的评估体系，整体理论支撑尚未建立。因此，本书创新地提出可以客观系统评估环境政策实施效果的理论体系：政策脱轨效应，并进一步分析政策发生脱轨效应的作用机制，构建理论模型和实证模型，这不仅为评估道路交通政策的大气环境影响提供了理论支撑，还将对于其他防治污染政策的评估提供理论参考。

2. 应用价值

本书的思路和方法将会为政策评估提供有利的参考和思路。本书通过多种方法学的组合，综合应用计量经济模型、仿真模拟等方法，综合考虑我国城市道路交通宏观政策，特定地区的特定政策以及代表性家庭和企业的交通行为模式，从宏观、中观和微观视角多层面对于城市道路交通政策的实施进行评估，建立起一个综合的评估框架和模型思路，为其他环境政策效果评估提供可模仿的评估思路。

3. 政策价值

本书的结论将会对政策制定者以及其他利益相关者提供科学的依据和参考。研究结合了社会科学、自然科学实验以及公共卫生领域方法，对城市道路交通政策的实施进行综合的环境效应、健康效应和经济效应的评估分析，在对现有防治大气污染的道路交通政策进行评估基础上，从微观主体视角进行模拟仿真，从而探讨规划合理的政策组合，对我国城市道路交通的绿色发展路径进行探析，从而作为政府制定政策措施的参考和依据。

1.2 研究问题与研究目标

1.2.1 研究问题

随着我国经济的快速发展，人们生活水平的不断提高，我国交通总需求飞速发展，尤其以城市交通需求增加最为迅速。快速增加的城市交通需求带来了严重的城市空气污染问题，严重影响了我国经济发展和公共健康社会福利。2018 年 6 月，生态环境部发布《2018 年中国机动车环境管理年报》显示，我国已连续九年成为世界机动车产销第一大国，机动车污染是造成灰霾、光化学烟雾污染的重要原因，是我国空气污染的重要来源。

鉴于此，本书要解决的关键问题如下：

1. 构建防治大气污染的道路交通政策评估理论体系

目前，我国道路交通已经成为城市空气污染的重要来源，我国政府为了防治空气污染采取了一系列交通方面的能源环境政策措施，但是目前对于这些政策措施的大气环境影响进行定量的评估研究还比较缺乏。分析文献发现，目前关于环境政策实施的评估还未形成统一的评估体系，评估过程存在诸多不完善。因此本书首先突破现有环境政策实施效果评估方法及体系存在的局限性，提出可以客观系统评估环境政策实施效果的评估体系，为之后的定量评估提供理论依据。

2. 评估目前我国城市道路交通采取的防治大气污染政策措施的有效性

虽然我国近年制定了一系列关于防治城市道路交通带来的大气污染的能源环境政策，但是从污染总量来看，我国城市空气污染问题依旧严重。因此本书应用“政策脱轨效应”评估体系，对我国防治大气污染的城市道路交通政策的实施效果进行评估。定量化评估已经采取的城市道路交通方面的能源环境政策是否达到政策设计时的目标？这些政策是否对减缓大气污染有效？减缓程度是怎样的？

3. 研究微观经济主体对防治大气污染的道路交通政策的响应

城市道路交通带来的污染排放外部性问题产生的根源在于微观经济主体的行为带来的后果并不全由经济主体来承担。城市道路交通方面的能源环境政策，其作用主体主要是微观经济主体，如企业和居民。微观经济主体对于政策的响应将会很大程度影响政策实施效果。因此本书还将对我国微观经济主体的行为响应进行模拟仿真，从而分析不同经济主体对于城市道路交通政策的响应及反馈，会如何影响道路交通政策的实施，进而又会给大气环境和公共健康社会福利带来怎样的影响。

4. 我国城市道路交通绿色发展路径的分析和探讨

在对目前我国城市道路交通采取的防治大气污染政策进行评估后，结合微观主体对于政策措施的反应和行为，研究最后提出了我国城市道路交通发展面临的挑战，并借鉴发达国家和地区成功的城市交通发展经验，探析了我国未来城市道路交通绿色发展的不同路径，通过自下而上的预测和评估，对不同的绿色发展路径进行分析和比较，从而为我国未来城市道路交通绿色发展提供参考和依据。

1.2.2 研究目标

根据以上需要解决的研究问题，本书的研究目标具体如下：

1. 研究总目标

研究总目标是构建可以客观评估环境政策实施效果的理论体系，从宏观、中观和微观不同层面对我国防治大气污染的城市道路交通政策实施效果进行评估，在此基础上结合微观主体模拟仿真，对未来我国城市道路交通绿色发展路径进行探析。

2. 研究具体目标

（1）综合运用管理科学、能源经济学、计量经济学、环境经济学、自然科学以及工程方法，从理论上建立评估防治大气污染的道路交通政策实施效果的理论模型，即政策脱轨效应。

（2）选用合适模型定量评估我国城市道路交通政策对大气环境的影响，运用多种方法对于政策有效性和持续性等方面进行定量分析，克服环境政策评估量化难的瓶颈。

（3）分析我国微观经济主体对于城市道路交通政策的响应和行为，对微观主体的交通需求情况进行研究分析，利用模拟仿真技术研究经济主体对于城市道路交通政策的响应及反馈，会给道路交通污染排放以及政策实施带来怎样的影响。

（4）总结目前我国城市道路交通绿色发展面临的挑战，分析发达国家成功的城市道路交通政策措施，在此基础上对我国未来城市道路交通绿色发展的不同路径进行分析和研究，为我国城市道路交通部门提供既有利于经济发展，满足交通需求，同时达到防治空气污染目的可持续运用的绿色道路交通政策。

1.3　研究思路与研究内容

1.3.1　研究思路

第一，综合管理学、经济学、大气环境科学和公共卫生学等相关领域，构建评估环境政策的新体系，以弥补现有环境政策评估的不足，从而为评估城市道路交通的能源环境政策提供理论依据。

第二，根据提出的评估新体系，选取合适的方法，对城市道路交通的环境政策带来的空气质量影响进行评估。

第三，从微观经济主体的行为选择出发，基于微观经济主体对政策实施进行模拟仿真，探讨经济主体不同的决策和行为对城市道路交通污染排放及社会福利带来的影响。

第四，在以上研究基础上，总结目前我国城市道路交通绿色发展面临的挑战，借鉴发达国家的成功城市道路发展经验，对未来我国城市道路交通绿色发展的不同路径进行研究，从而为实现在不影响经济发展和交通需求的前提下，减少城市道路污染排放的目标提供参考和支撑。

1.3.2　研究内容

结合以上研究思路，本书的主要研究内容设计如下：

第 1 章绪论和第 2 章文献综述主要是综述本书研究的时代背景和意义，并提出研究问题，论述整体研究思路和框架，回顾总结我国防治大气污染的城市道路交通政策相关文献。

第 3 章是本书的理论基础。通过分析和综述城市道路交通带来的大气污染影响及社会福利效应等研究，构建本书的理论分析框架。主要借鉴管理学、能源经济学、环境经济学和大气科学等领域的研究成果，突破现有环境政策实施效果评估方法及体系存在的局限性，提出了可以客观系统评估环境政策实施效果的评估体系：政策脱轨效应。该理念将不同环境政策的评估统一到同一个体系之下，通过特定的模型和方法，对环境政策的实施是否存在“脱轨效应”进行评估，并根据政策脱轨效应量化的取值范围和大小来说明政策实施效应，如果政策脱轨效应取值小于零，则说明此政策实现了保护环境的政策目的；如果取值大于零，则说明此政策并未实现其设计目的，政策失效。另外，根据估计的脱轨效应数值大小，还可以直观判断环境政策达到目的的程度，为接下来对于我国城市道路交通的能源环境政策评估提供了理论依据和支撑。

第 4 章应用提出的评估新体系，对于我国城市道路交通采取的防治大气污染政策实施整体效果以及特定地区的特定政策进行评估研究。本章首先对我国主要的防治大气污染城市道路交通政策进行分析和总结，进一步通过管理学、能源经济学、计量经济学、公共卫生、工程等手段对目前实施的城市道路交通政策对大气环境的影响进行评估。具体地，应用政策脱轨效应中的狭义政策脱轨效应来评估我国防治大气污染的城市道路交通政策整体效应，根据时间序列的数据，对过去已经实施的城市道路交通相关政策进行定量分析，从而通过狭义政策脱轨效应取值大小和范围来评估过去的相关政策实施后的环境效应；进一步，本书还选取特定地区的特定交通政策，应用政策脱轨效应的评估思路，借助准自然实验的思路对我国特定的城市道路交通政策实施效果进行评估。

第 5 章主要在对于我国防治大气污染的城市道路交通政策进行评估的基础上，进一步从微观层面分析我国代表性居民、企业的交通行为方式和交通模式，从而仿真模拟评估居民和企业对于交通政策的响应情况。目前交通政策大多数是以监管政策、行政手段为主，强制限制对于交通服务的需求，从长期来看，可能会降低市场效率，阻碍经济发展，并且公众的接受程度很难保证。因此，在交通部门政策的设计中，还需要也必须考虑微观层面，如居民和企业的交通行为和交通模式。居民和企业对于政府采取的交通政策会有一定的响应，其行为将会影响政策的实施效果，因此本章首先从理论层面分析了微观主体在环境政策实施过程中带来的影响和作用，在此基础上进一步对于我国代表性居民和企业的政策响应进行仿真模拟，从而更全面评估政策的实施效果。

第6章主要是在之前研究基础上，总结国内防治大气污染的城市道路交通政策面临的挑战，借鉴发达国家和地区成功的城市道路交通发展经验，应用LEAP模型对未来我国城市道路交通的绿色发展路径进行研究和分析。

第7章总结之前各章研究得到的结论，并提出相关政策建议。

图1-2详细展示了本书各章内容的逻辑关系以及主要研究内容。

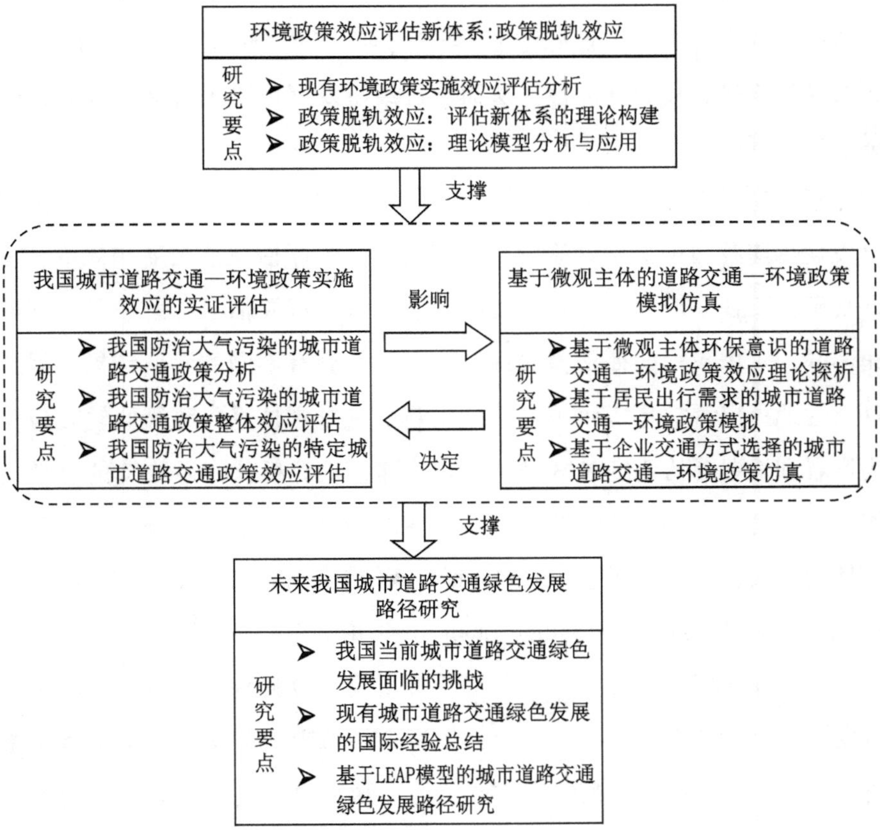

图1-2 各章研究内容的逻辑图

1.4 研究方法及主要创新

1.4.1 研究方法和技术路线

本书采用管理学、能源经济学、计量经济学、环境经济学、公共卫生学、自然科学以及工程手段等学科方法，来评估我国防治大气污染的城市道路交通政策。评估聚焦在我国城市道路交通的能源环境政策在空气污染、公共健康和社会福利三个方面的效果和可持续性，同时借助微观仿真技术、田野调查手段对于目前我国经济主体如企业和居民的交通行为选择进行分析，在此基础上，利用管理科学中预测和优化的思想对不同的城市道路交通绿色发展路径进行研究和分析，从而实现在不影响经济发展，不抑制交通需求前提下，修正交通污染排放社会外部性，从而促进经济发展，增进公共健康和社会福利的发展目标。

研究首先运用文献综述法对目前关于环境政策评估的研究进行分析和综述，发现目前我国对于环境政策并未形成统一的评估规范制度和体系。现有的评估范例存在一定问题，而对具体环境政策进行评估时，由于不同领域的视角不同，采用不同的评估模式和方法，可能会有不同的评估结果。因此本书创新性地提出评估环境政策实施效果新的理念和体系：政策脱轨效应，并从生产者和消费者的角度对其进行了理论建模，分析此体系构建的科学性和实用性。理论基础主要是经济学中外部性的概念。主要理论渊源是关于环境外部性的定义，以及外部性治理的科斯定理（Coase's Theorem）、庇古税（Pigouivain tax）和公共选择（Public Choice）理论。

在新的评估理念基础上，本书接着应用狭义政策脱轨效应，利用时间序列数据，采用弹性模型对我国防治大气污染的城市道路交通政策整体实施效应进行评估，借助评估政策的实施产生的“狭义政策脱轨效应”取值范围和大小，从而来定量评估宏观交通政策的实施是否对环境质量提升起到作用。进一步研究选取了我国特定地区的特定城市道路交通政策，应用政策脱轨效应的评估思路，借鉴准自然实验的思想，利用随机干预实验的倍差法评估了我国特定地区特定交通政策的实施在提升环境质量方面的效果。

除了评估交通政策在减缓污染排放方面的效应，本书还进一步对政策实施带来的健康福利效应和经济效应进行评估，主要借助自然科学和工程手段，运用大气环境科学领域模型，如箱式模型（Fixed - box model），对空气质量进行模拟测算。

本书认为城市道路交通产生的严重污染排放，其产生根源来自不同经济主体的决策和行为带来的后果，并不完全由经济主体承担。因此本书进一步研究了我国不同经济主体对于防治大气污染的城市道路交通政策的行为响应。首先，研究应用博弈论思想对微观主体在环境政策实施过程中的反应进行建模，分析微观主体的行为对环境政策实施效果的影响。其次，应用管理科学预测的思想，对于我国居民出行的交通需求进行科学合理的预测，在此基础上应用模拟仿真技术探索了不同的政策模式下，居民的不同反应从而带来的环境、健康福利等变化。最后研究借鉴管理科学中的优化思想，应用模拟仿真技术构建了企业的决策目标函数，对于我国代表性企业的政策响应进行模拟仿真，从而研究微观主体对于不同城市道路交通政策的反应和行为给环境带来的影响。

应用总结归纳法对目前我国城市道路交通绿色发展面临的挑战进行总结，并归纳了发达国家主要的城市道路交通发展模式，在此基础上利用自下而上的LEAP模型，对于未来我国城市道路交通的绿色发展不同路径进行分析和研究，从而探索合理的制度设计，实现经济发展、环境保护和社会福利的协调统一发展。

总之，本书综合运用社会科学与自然科学的跨学科研究方法，使定性分析与定量分析、实证研究与规范研究、模型预测与制度设计实现有机结合。本书的研究方法具有较强的适用性和可行性。微观行为仿真技术、优化模型、空间计量模型、随机试验等模型均在管理学、经济学、环境科学等学科中得到广泛应用，技术上发展得比较成熟，也得到学术界的认可。

本书的简要技术路线见图1－3。

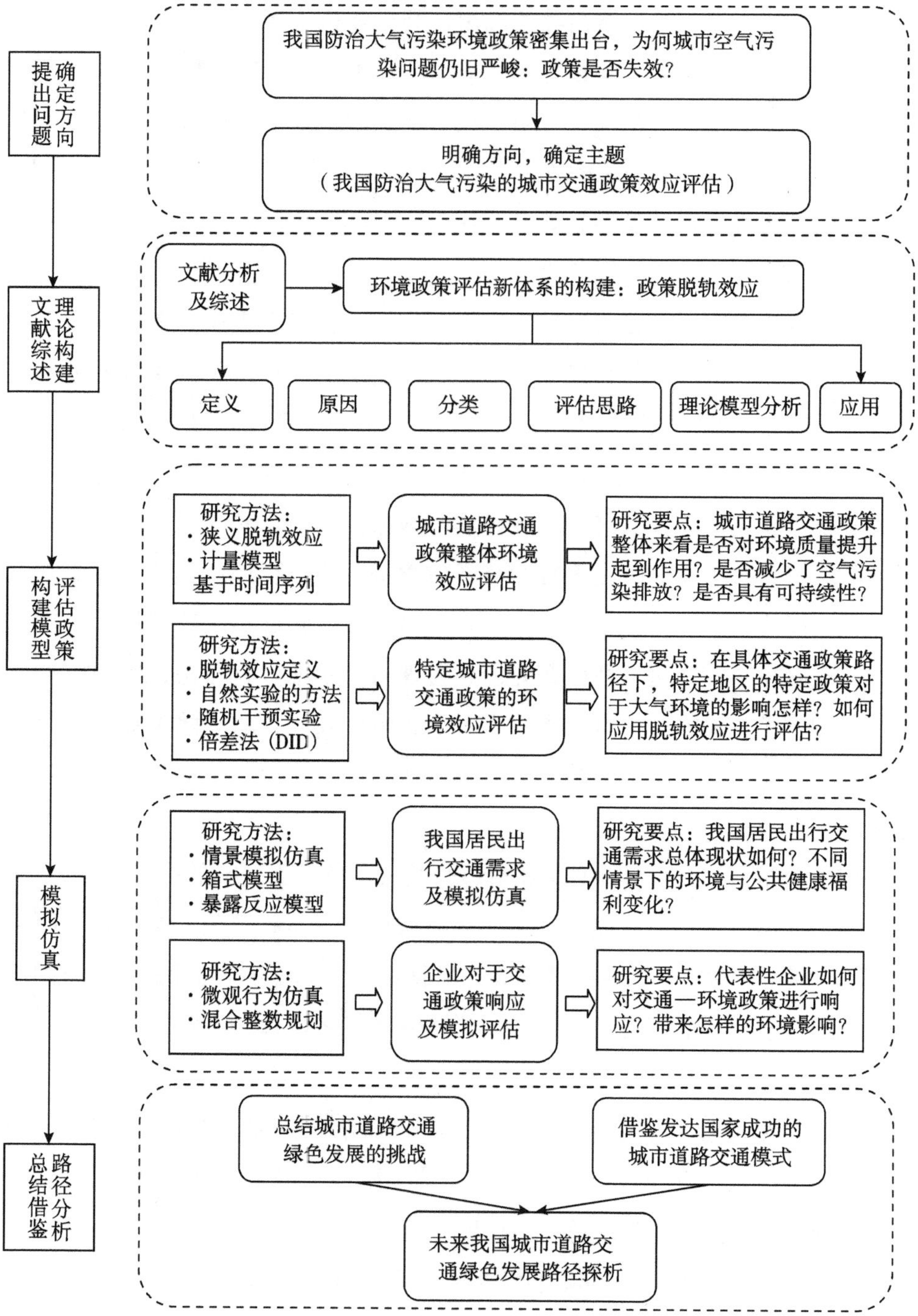

图1－3　研究的技术路线图

1.4.2　主要创新

本书基于问题导向、研究方法先进与研究成果适度超前的原则展开研究。问题导向要求研究切合我国实际，能够解决中国的现实问题；方法先进是因为研究对象是社会现象和自然现象的综合物，不采用跨学科的先进方法就不可能突破一些研究瓶颈，为政策规划赋予可操作性；成果适度超前是因为我国经济快速发展，尤其是城市道路交通需求日益增加，而现有的防治大气污染的城市道路交通政策基本以"节能减碳"为主要目标，往往忽略微观经济主体对于环境政策的反应和行为决策对于政策实施的影响，从而导致政策实施出现失效，而且现有的部分城市道路交通政策主要是通过限制微观主体交通需求从而达到减缓排放的目标，长期发展可能会阻碍经济发展，因此政策设计必须具有前瞻性，留有充分余地。

本书实现的研究创新贡献主要表现在如下几个方面：

（1）研究创新地提出"政策脱轨效应"，围绕此概念从理论上构建了环境政策实施效应的评估新体系。在理论意义和研究视角上，防治大气污染的城市道路交通政策评价一直是理论界和实践中关注的重要话题。如上所述，目前的防治大气污染的城市道路交通政策大多以限制交通需求为前提，长期下去可能会阻碍经济发展，而且从总量来看，我国城市空气污染问题依旧严重，因此对于城市道路交通的能源环境政策进行评估越发重要。但在当前研究中，如何定量化研究和评估这些政策的实施效果以及带来的诸如健康福利、经济等方面的影响，至今没有得到较为完美的解答。因此，本书具有较强的创新性和前沿性，研究的结果为中国政府进行交通部门的制度设计及改进提供了科学而全面的理论和实证依据。

此外，分析现有文献发现，目前我国对于环境政策并未形成统一的评估规范制度和体系，现有的评估范例存在一定问题。因此，本书创新地提出"政策脱轨效应"，从理论上构建了评估环境政策的新理念，并从定义、产生原因、分类和评估思路等方面具体构建了政策脱轨效应的评估体系，进一步从消费者和生产者的视角构建理论模型，分析政策脱轨效应的科学性、合理性和实用性。另外，应用政策脱轨效应还能很好地解决目前环境政策效应大小和强弱难以量化的困难。这不仅为评估城市道路交通政策的大气环境影响提供理论支撑，对于交通部门的政策制定者提供科学而有价值的参考，而且对于防治其他污染（固态污染、液态污染）的政策评估也提供了理论参考和借鉴。

（2）研究应用“政策脱轨效应”评估思想，综合应用多学科的多种分析工具，对城市道路交通政策实施效应进行了创新性地全面评估。在研究内容和方法上，本书综合管理学、能源经济学、计量经济学、环境经济学、大气环境学以及公共卫生等学科，综合应用各种研究方法，首先对我国防治大气污染的城市道路交通政策整体实施效应进行评估，进一步选取特定地区的特定政策进行分析。研究不仅评估了政策实施带来的环境效应，同时利用箱式模型、暴露—反应模型、人力资本法等不同评估方法，对政策实施带来的主要污染排放物对于公共健康影响的物理量损失和经济损失进行评估，这使得环境政策的评估更加全面。

（3）研究还考虑到不同经济主体对于环境政策的行为响应会影响政策实施效果，因此对不同经济主体的政策响应进行模拟仿真，系统探讨了不同城市道路交通能源环境政策路径下，经济主体的行为变化，从而带来的交通污染排放变化，以及公共健康福利影响等重要问题，在环境政策模拟框架上是一种有益的尝试。在此基础上，进一步应用优化和模拟仿真思想对未来我国城市道路交通的绿色发展方向进行了模拟和研究，得出的结论和提出的政策建议具有全面性、真实性及可靠性。可见，这些研究方法的综合性整合确保了研究的科学性与全面性，在政策评估领域既具有特色，又具有前沿性和创新性。

第2章

相关研究综述

随着我国城市道路交通需求的快速增长，能源消耗和污染排放日益突出，其中由道路交通带来的几种主要污染气体排放通过几种主要的健康效应途径，对公共健康和社会福利造成巨大损失（见图2－1）。因此政府采取了一系列防治大气污染的城市道路交通政策，而政策的实施效果是学术界和实践中重点关注的内容。本章将总结分析国内外学者针对城市道路交通部门的污染排

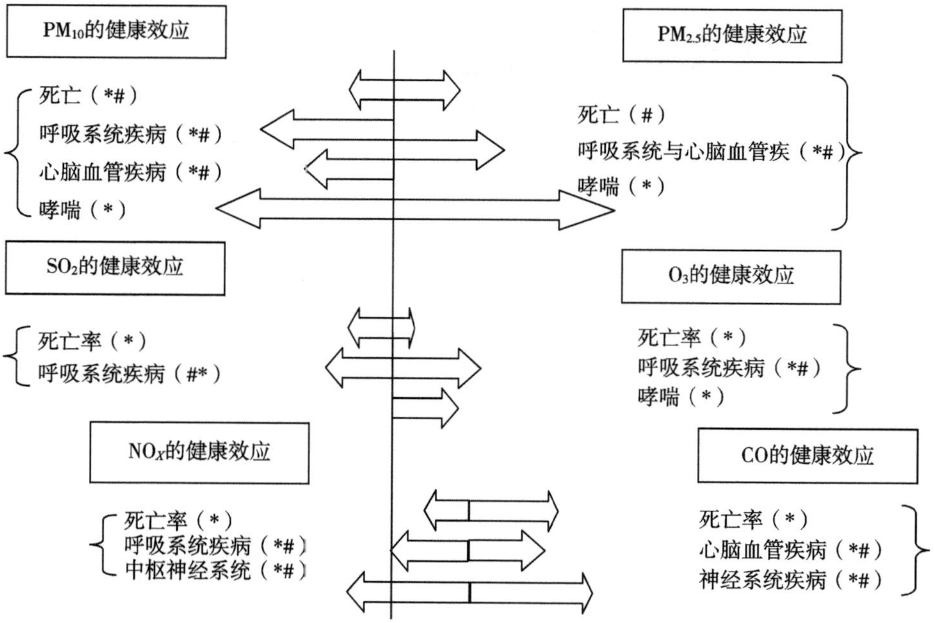

图2－1　道路交通主要污染气体的健康效应与危害程度

注：（1）以上表示污染气体 PM_{10}、$PM_{2.5}$、SO_2、O_3、NO_x、CO 的主要健康效应以及危害程度。其中，相对危害程度的大小主要源于 Pope 和 Dockery（2006）、杨宏伟等（2005）等文献中给出的暴露—反应系数；（2）＊表示急性健康效应，#表示慢性健康效应；（3）SO_2 的健康危害度量较为复杂，因为 SO_2 与 PM_{10}、$PM_{2.5}$ 还会有联合效应，随可吸入颗粒物进入呼吸系统甚至肺深部、细支气管和肺泡，其毒性增加3～4倍，形成二次污染健康损害。

放、能源需求与消耗、公共健康评估及政策评估等方面做的研究，以得到该领域研究的现状及未来的研究方向，为下文的研究奠定基础。

2.1　城市道路交通污染排放外部性研究

随着经济的发展，人们生活水平的日益提高，公众对于交通的需求也在不断增长。而日益增加的交通需求带来了诸如能源消耗、大气污染、公共健康福利等负外部性问题，引起了学界和政府的广泛关注。

2.1.1　城市道路交通污染排放研究

近些年，城市空气污染问题越来越严重地危害公众的生活和健康，引起各界广泛关注。我国生态环境部连续几年发布的《中国机动车环境管理年报》显示，机动车尾气是悬浮颗粒物、硫氧化物、氮氧化物等大气污染物的主要来源，城市道路交通已经成为我国空气污染的重要来源，是造成城市环境空气污染的重要原因。许多学者对城市道路交通污染排放及环境影响做了大量研究，学术研究结果也显示我国道路交通的排放是城市空气污染的一个主要来源，甚至在一定程度上是排放增长最快的来源。

目前，关于道路交通部门带来的排放负外部性研究从研究对象看，主要分为以下两方面：

第一，研究重点聚焦于大中型城市（如北京、上海等）道路交通部门的碳排放。如 He 等（2005）利用自下而上的模型核算了中国 1997—2002 年道路交通部门燃油量和 CO_2 排放量，并基于此预计了未来 2030 年的燃油消费和排放量，研究发现未来 20 年中国道路交通将成为燃油消费最大的部门，排放量也在逐年上升。赵敏等（2009）以上海市微观主体出行方式为研究对象，探讨了 2002—2006 年上海市微观主体出行选择的不同交通方式对二氧化碳排放的影响和规律，研究表明 2002 年以来上海市因微观主体出行导致的交通 CO_2 排放总量呈显著增长趋势。私家车的 CO_2 排放量增加速度最快，公共交通中出租车的 CO_2 年排放量和人均排放量都最大。马静等（2011）基于北京市微观主体日常出行行为计算微观层面的城市交通碳排放，并采用结构方程模型深入挖掘居住空间、个体行为以及交通碳排放三者之间的内在关系。吴开亚等（2012）以能源消耗为对象，测算了2000—2010年上海市交通运输业能源消费碳排放量、人均碳排放量以及碳排放强度的变化趋势，研究发现上海市2000—2010年交通能源消费碳排放总量逐年增加，人均交通碳排放量呈波动性增长，交通能源消费碳排放强度成波动下降趋势。张清等（2012）以上海为例，采用IPCC“自下而上”法对特大型城市客运交通二氧化碳排放进行了测算，结果表明客运交通二氧化碳排放总量增长迅速，且近些年客运交通碳排放增量主要来自私人载客汽车。苏城元等（2012）以上海市为例，采用IPCC 2006的碳排放计算公式，基于我国燃烧热值的CO_2排放因子，统计分析了城市交通CO_2排放现状，研究结果表明：私家车是城市交通能源消耗的较大增长源，同时也是城市交通CO_2排放的较大贡献者。张秀媛等（2014）以北京市为例，对道路交通进行全生命周期的能源消耗和碳排放测算方法分析，从而测算全生命周期能耗及碳排放总量和强度。徐昔保等（2014）选择南京、宁波和常州作为长三角典型城市，估算与分析城市微观主体出行碳排放特征及影响机理。结果表明：城市微观主体无论是日常通勤交通碳排放，还是远距离出行交通碳排放，都和交通方式、出行距离等因素密切相关。柯水发等（2015）对2005—2011年北京市交通运输能源消费而产生的碳排放量进行了测算，并对北京市交通运输业的碳减排情景进行了比较分析，其中得到结论：小汽车对于整个城市交通系统能源消耗量的边际效应远远大于其他的交通方式。以上研究均证明了目前我国城市道路交通带来的碳排放日益增加，而其中碳排放增量的主要来源是私人汽车的增加。

第二，关于道路交通带来的排放负外部性主要聚焦于研究我国城市道路交通部门带来的污染气体排放。Song等（2007）的研究就发现2005年北京夏天的挥发性有机化合物（VOC）中有52%源于汽油相关的排放。Hao和Wang（2005）研究发现北京74%地面氮氧化物是由机动车造成。他们还认为，汽车尾气大约占据挥发性有机化合物排放的46%。Chan和Yao（2008）通过对中国特大城市空气污染的研究，发现除工业排放、取暖燃煤等传统污染排放源以外，机动车造成的空气污染呈上升趋势，并且在城市空气污染中扮演着日益重要的角色。Wang 等（2009）通过比较研究发现，相对于工业等污染排放领域，机动车污染排放物更接近于城市空气污染检测结果。Wang 等（2010）的研究同样还认为机动车是城市颗粒污染物（如 PM_{10}）、氮氧化物（NO_x）和挥发性有机化合物（VOCs）的主要来源。成官文等（2009）对柳州市交通污染进行研究，结果表明柳州市机动车保有量的迅速增加，导致交通主干道氮氧化物和 TSP 严重超标，机动车污染排污量大，其中小汽车和摩托车成为主要污染源。Shen 等（2010）测算了 2008 年 4 月末的西安交通繁忙时道路两边的交通相关的排放，以此来评估 CO、PM_{10} 以及 O_3 的暴露浓度水平。何吉成（2015）基于高速公路沿线车流量观测数据和车辆单车排放因子，定量估算了京哈高速公路车辆尾气排放导致的 CO、HC 和 NO_x 排放量，并分析了上述污染物在不同省（市）和不同车型中的分配状况。樊守彬等（2016）建立了北京市道路交通扬尘 $PM_{2.5}$ 排放清单，并对其空间分布进行分析，其研究得到结论：北京市道路交通扬尘 $PM_{2.5}$ 年排放量高达 13565t，远郊区县 $PM_{2.5}$ 年排放量、单位长度道路排放量以及排放因子均高于城区，而城区单位行政区面积的 $PM_{2.5}$ 排放量远高于郊区。

综上可以看到，目前我国城市道路交通部门带来的有害气体排放量日益增加，已经成为我国城市有害气体排放的主要来源。另外，研究还表明微观主体交通能源消费习惯和出行方式的不同选择会对交通排放产生不同影响。

2.1.2 城市道路交通公共健康福利影响研究

关于城市道路交通社会外部性研究，一方面可以直接从有害气体排放量来评估对于环境的影响；另一方面还可以从有害气体导致的公共健康和社会福利经济损失来分析。城市道路交通政策的目的是满足交通需求，改善环境质量，其收益就是政策带来的环境改善使得社会生产的增值和减少的总和，其收益还包括减少的医疗费用和人们在为就医而损失的时间里创造的价值。目前，研究环境污染对公共健康的影响主要聚焦于空气污染的健康损失。国内外学者研究空气污染对公共健康福利影响主要分为三个步骤。

第一，估算出交通部门带来的有害气体排放量之后，需要测算大气质量浓度。目前关于大气浓度模型，已经从简单的第一代模型发展到复杂的第三代模型。其中，第一代大气质量模型主要有箱式模型（Fixed - box model）与扩散模型（Dispersion model），具有单一网格的均匀性，即假设任何排放源均匀混合于模拟环节，并且在模拟环境中具有均匀的大气条件，且化学反应机制较为简单；第二代大气质量模型加入网格的细分、更为复杂的气象参数以及化学反应机制；第三代大气质量模型又称多尺度空气质量模型（Models - 3/Community Multi - scale Air Quality Model，Models - 3/CAMQ），具备更为完善的化学反应机制和气溶胶模块，能够进行城市、区域、大陆尺度的空气污染源模拟和预报工作。

第二，大量实证研究已经证实空气污染会影响公共健康，增加微观主体患肺癌、呼吸系统疾病以及心血管方面疾病的概率。然而大气污染影响公共健康的机理是非常复杂的，不同的污染气体种类会带来不同的健康危害（见表 2 - 1）。健康危害物理量的定量估计大部分以流行病学的暴露—反应函数为基础，其暴露—反应系数可以从健康学领域中去借鉴，主要涉及的参数包括不同污染物带来不同健康危害参数，污染物浓度以及暴露人群数量。就污染气体与健康终端的选取上，现有中国人群健康评估的研究大部分集中于一氧化碳、臭氧、二氧化硫等常规气体的危害，忽略了 2012 年将 $PM_{2.5}$ 平均浓度限值纳入环境空气质量标准的现实国情，加之作为主要元凶的肺癌发病率及死亡率也在近年来增长极为迅速。因此，在评估政策效果时，应尽可能将所有污染物以及健康终端考虑进来。

表 2 - 1　主要污染物及健康影响

污染气体	健康危害
二氧化硫（SO_2）	死亡；支气管炎；肺炎；肺水肿；呼吸麻痹等其他呼吸道疾病
氮氧化物（NO_x）	中枢神经系统疾病；肺损害；肺水肿；气管炎；肺病变等疾病
一氧化碳（CO）	（1）对心血管系统产生影响 （2）影响神经系统 （3）造成低氧血症 （4）对后代产生影响

续表

污染气体	健康危害
臭氧（O_3）	（1）刺激人的呼吸道，造成咽喉肿痛、胸闷咳嗽、引发支气管炎和肺气肿 （2）造成神经中毒，头晕头痛、视力下降、记忆力衰退、呼吸短促、疲倦、鼻子出血 （3）对人体皮肤中的维生素 E 起到破坏作用，致使人的皮肤起皱、出现黑斑 （4）破坏人体的免疫机能，诱发淋巴细胞染色体病变，加速衰老，致使孕妇生畸形儿
颗粒状污染物（TSP；PM_{10}；$PM_{2.5}$）	（1）通过多种方式对心血管系统产生影响 （2）进入呼吸系统的颗粒物可引起肺部和全身的氧化应激或炎症反应 （3）激活凝血机制，削弱血管功能和增加动脉硬化 （4）刺激肺部交感神经产生次级神经反射 （5）改变自主神经反射等机制而导致心律不齐 （6）可引起血液成分的改变，并导致动脉血压升高
铅及其化合物（Pb）	（1）大部分蓄积于人的骨骼中，损害骨骼造血系统和神经系统 （2）对男性的生殖腺也有一定的损害 （3）引起临床症状为贫血、末梢神经炎，出现运动和感觉异常
氟化物（F）	（1）氟化物对眼睛及呼吸器官有强烈刺激 （2）吸入高浓度的氟化物气体时，可引起肺水肿和支气管炎 （3）长期吸入低浓度的氟化物气体会引起慢性中毒和氟骨症 （4）使骨骼中的钙质减少，导致骨质硬化和骨质疏松

第三，对于公共健康经济损失评估现有的主要方法包括人力资本法（Human Capital Approach，HCA）、失能调整生命年法（Quality Adjusted Life Year，QALY）、疾病成本法（Cost of Illness，COI 法）、意愿支付法（Willingness to Pay，WTP 法）等（见表 2－2）。

表 2 – 2 公共健康经济评价方法

方法	内容与评价标准			等级
	内容	评价对象	局限性	
WTP	通过询问人们对于环境质量改善的支付意愿来推导出环境物品的价值	全因死亡	不恰当的人口调查样本；很难关注小样本概率事件；忽略了政府公共医疗支出	B
		慢性疾病	同上	B
		急性疾病	研究过旧，不具有时效性；小样本局限性；忽略政府公共医疗支出	B
COI	包括由于患病造成的直接损失，包括治疗费用，医药费用等，以及间接损失（如工作日损失）	全因死亡	经常忽略死亡损失	C
		慢性疾病	社会化或标准化的医疗卫生服务价格很难估计；忽略受到影响个体对于健康的偏好	C – B
		急性疾病	社会化或标准化医疗卫生服务价格很难估计；忽略受影响个体对于健康偏好	C
HCA	用个人生产财富多少来定义个人的价值	全因死亡	低估失业人群	D
QALY	应用了年龄加权，反应不同年龄、不同严重程度疾病的失能所折合的期望寿命损失	全因死亡	货币化过于迟钝	C
		慢性疾病	货币化过于武断	C
		急性疾病	急性健康效应灵敏度低	C

我国学者对于环境污染带来健康影响的经济损失进行了一些实证研究。如彭希哲和田文华（2003）从理论和实践两方面对上海市空气污染造成呼吸系统疾病损失进行研究，估计出上海市空气污染疾病损失的意愿支付费用为51.66亿元，占1999年GDP的1.28%。蔡春光和郑晓瑛（2007）采用条件价值评估方法调查了北京市微观主体对改善空气质量提高健康水平的支付意愿为652.327元/年，发现支付意愿受家庭经济水平和受教育程度影响最大，随着家庭经济水平和微观主体受教育程度的提高而增加。Creutzig 和 He（2009）

估计由交通部门造成的社会总成本占北京市当年 GDP 的 7.7% ~15%。曾贤刚和蒋妍（2010）采用权变评估法（CVM 方法）评估了我国空气污染健康损失中的统计生命价值，并分析了其影响因素。发现我国空气污染健康损失中的统计生命价值约为 100 万元。Guo 等（2010）发现 2004—2008 年间，北京市交通污染排放引起的健康损失分别达到 2.72 亿美元、2.97 亿美元、3.10 亿美元、3.23 亿美元、2.98 亿美元。Chen 和 He（2014）运用可计算一般均衡模型，发现 2007 年我国道路交通部门排放的 $PM_{2.5}$ 污染约分别造成了经济损失 3614 亿元，公共健康福利损失 2276 亿元。

综上所述，上述研究在公共健康评估方法及其实际应用等方面进行了很多卓有成效的研究。然而，由于研究数据、方法等限制，针对我国城市道路交通部门导致的公共健康评估相对较少，尤其是缺乏能够结合我国公共健康特征和实际情况，更有针对性和适用性的定量研究。鉴于上述任何单一评价理论都不完美，为此本书将以健康统计数据为基础，采用 COI、WTP 等综合方案评价急性与慢性健康反应，以期获取出更可信的经济损失估计值。

另外，大气污染危害公共健康的具体体现是多方面的，包括就诊率、住院率、死亡率、心血管疾病、哮喘等，也有急慢性疾病之分；而相应的污染物种类也是多样的，如 $PM_{2.5}$、PM_{10}、SO_2、NO_x、TSP 等。然而，就污染气体与健康终端的选取上，现有我国人群健康评价的研究大部分集中于 O_3、PM_{10} 等常规污染物的危害，往往忽略了 2012 年将 $PM_{2.5}$ 平均浓度限值和臭氧 8 小时平均浓度限值纳入环境空气质量标准的现实国情，加之 $PM_{2.5}$ 作为主要元凶的肺癌发病率及死亡率近年来增长迅速，无论是在学理讨论还是实际政策制定方面日益重要，亟待予以更多重视。为此，与过去的相关研究不同，本书将使用更为广泛的健康终端（如包括肺癌、心血管疾病的发病率与死亡率等），将更为全面的污染物（如包括 $PM_{2.5}$、PM_{10}、SO_2、CO、O_3、NO_x 等）纳入研究视野。

2.2 防治大气污染的交通政策评估研究

我国为了防治日益严重的城市空气污染问题，从中央到地方政府积极采取了一系列绿色交通政策，然而这些政策的实施也引起了很多争议，政策的实施效果是理论界和政策制定者最关心的议题，对此，学者们对相关政策的实施效应展开了大量评估和研究。

2.2.1 城市道路交通—环境政策的空气质量影响研究

防治大气污染的交通政策，其设计初衷就是要减缓有害气体排放，因此学者对这些政策的实施给空气质量带来的影响进行研究。分析发现目前关于防治大气污染的城市道路交通政策实施效果的评估研究主要聚焦于两个方面。

一方面学者通过不同的评估模型和方法对已经实施的绿色城市道路交通政策给空气质量提升的影响进行评价。如 Zhang 和 Zhao（2018）利用 2014 年深圳出行日记调查的数据，应用 agent 模型对 2014 年至 2050 年城市客运能源消耗和二氧化碳排放进行了情景研究，发现在现行交通政策下，深圳城市客运部门的碳排放量将持续增加，在 2050 年前不会达到峰值。Shahbazi 等（2017）探讨了限制进入城市中心地区的交通政策在降低各种污染物浓度方面的有效性，研究发现政策的实施使得限制进入地区的排放输入数据减少了 40%，而 CO 作为主要污染物的最大降幅约为 20%。张清等（2012）就主要城市交通政策对客运交通碳排放产生的影响进行了深入分析，得出结论：以往的交通供给、需求管理政策对于抑制客运交通碳排放增长的作用有限。王志高等（2011）估算了 2000—2008 年公共交通的 CO_2 排放量，并通过情景分析发现 2000 年以来，公交优先政策在部分城市带来的 CO_2 减排量可能为数千万吨甚至上亿吨。崔璨等（2009）利用交通环境污染承载力计量模型和搜集到的实测数据，对限行政策给交通环境承载力带来的影响做出了定量的分析，研究发现北京市现在实行的尾号限行交通政策确实能够提高北京市的交通环境承载力，对北京的环境有正面的影响。

另一方面的评估研究主要是学者应用各种情景模拟的方法探究何种城市道路交通政策可以减少污染排放，为城市道路交通绿色发展提供思路和学术支持。如 Lee（2018）研究了出行需求管理政策对道路交通排放的影响，结果显示将拥堵成本内部化的需求管理政策可以有效地控制或减少模拟期间的排放，并改善伴随容量扩张而带来的诱导交通的影响。王波和张海霞（2018）通过自下而上的清单核算方法，按照 GPC 标准核算出广州市交通领域碳排放清单，并根据广州市近期城市交通重要实施方案的定量评估设定干预情景，发现其减碳效果比惯性情景减少 892 万吨。魏贤鹏等（2017）应用系统动力学原理建立城市交通污染气体排放模型，并以上海为例通过政策仿真发现缓解交通拥堵和发展新能源汽车政策是解决城市交通污染气体排放的两大重要措施。苗国强和杨忠振（2016）基于离散选择理论从控制环境污染的角度构建了交通政策评价模型，并以大连为实际案例，对交通政策的减排效果进行分析，研究发现单独实施某政策与组合实施多种政策相比，后者能更好地降低小汽车的出行分担率，从而达到较好的节能减排效果。

除此之外还可以通过机动车科学使用达到减排效果，如通过减少道路拥堵，合理控制车辆行驶速度以及减少不必要的加速和减速等行为可以达到减排 20% 的效果。另外鼓励绿色交通方式也可以实现减缓污染排放的目标，如 He 等（2005）利用自下而上模型预测了我国道路交通部门 2030 的 CO_2 排放，研究发现通过鼓励绿色交通发展（如发展公共交通，限制小汽车等）可以使得我国道路交通部门到 2030 年排放减少 21%。通过发展电动汽车可以达到减排 8% ~26% 的目标，即便考虑全生命周期的排放也可以达到 3% ~15% 的效果，此外电动汽车对减少 NO_X、SO_2 以及 PM 等污染物也有很好的效果。

综上所述，目前学术界对于我国城市道路交通为了防治空气污染实施的各项政策均有评估和分析，然而需要注意的是目前的评估并未形成统一的评估体系，不同的学者从不同视角应用不同的工具进行评估，这很容易对于同一个政策的实施效果出现不同的评估结果。

2.2.2　城市道路交通——环境政策的其他影响研究

城市道路交通政策除了会给环境质量带来影响以外，还可能带来其他方面的影响。分析文献发现，城市道路交通政策的实施除了有环境效应外，主要贡献还有诸如缓解城市道路拥堵，减少能源消耗等。

对于缓解城市道路拥堵，研究更多集中在对于城市道路实行限行政策的影响上，如 Liu 等（2018）利用车牌识别技术对廊坊市的车辆限制政策（单双号限行和每周限行一次）进行研究，发现两种限行政策均会提高车辆速度，减少拥堵，当限行政策由一周一次变为单双号限行时，车辆流量虽然会减少，但远不如预期。陶志梅和阮婷（2018）应用系统动力学对天津市实行机动车尾号限行政策进行评估，发现实行限行政策可以一定程度上缓解拥堵问题，但是以抑制出行需求为前提。朱建安和戴帅（2014）以北京、杭州和成都的限行政策为实例进行分析，发现在政策实施的短期内可以有效减缓城市交通拥堵，然而实施效果会随着机动车数量的增加逐渐减弱。易如等（2011）研究对比了限行政策和上调油价政策对北京市的影响，研究发现限行政策没有上调油价对机动车控制得好，但可以给驾驶员更高的社会福利。

另外，现有的一些城市道路交通政策还会对能源消耗、社会福利等带来影响，如 Sheldon 和 Dua（2018）利用美国新车购买者的大规模全国代表性样本，提出了一种基于选择模型的反事实方法发现，在没有清洁车辆的情况下，汽油消耗量将会增加 1.7%。Mulholland 等（2018）以爱尔兰和丹麦的国家经验数据为基础，建立了私人运输部门的社会经济消费者选择模型，分析纯电动汽车和混合动力汽车购买补贴收回的长期影响。Li（2017）对比了北京市的机动车摇号系统和上海市的机动车车牌拍卖系统，研究发现虽然北京市的摇号系统可以更大限度地减少机动车带来的负外部性，但会因为分配不当造成社会福利损失，据测算仅 2012 年北京市由于摇号系统带来了近 300 亿元的社会福利损失。Pascal Poudenx 和邵玲（2011）研究发现提高公共交通服务质量在欧洲并没有使得能耗总量降低，旨在减少私人汽车的交通政策并未取得成功。

总体来看，目前我国采取的主要防治大气污染的城市道路交通政策除了对环境质量带来影响外，还会一定程度上对城市交通拥堵、交通能耗和社会福利等方面产生影响。

2.3 现有研究的评述

2.3.1 已有研究的贡献

通过全面分析近年来关于城市道路交通带来的社会负外部性的相关研究成果，翔实述评国内外关于防治大气污染的城市道路交通政策评估的相关研究，可以为深入研究我国防治大气污染的城市道路交通政策的评估提供参考。国内外现有研究，在以下方面具有较大的贡献。

第一，对于城市道路交通带来的社会负外部性达成共识。随着经济的快速发展，交通需求不断增加，尤其是城市道路交通带来的大气污染问题日益严重。国内外学者从不同视角，应用不同的学科方法对于道路交通带来的大气环境影响进行测量评估，得到一致结论：城市道路交通对城市大气环境造成严重危害。同时，学者利用自然科学，公共卫生学等相关知识证实由于道路交通带来的环境污染严重损害了公共健康。这为之后的相关研究奠定了基础。

第二，为研究城市道路交通政策提供了丰富、翔实的研究成果。由于环境政策的交叉性特点，需要借助不同的学科方法对于城市道路交通能源环境政策进行研究分析。现有研究从自然科学、社会科学、公共卫生学等学科视角对此进行了大量实证研究，这就为之后的评估工作提供了大量的参考文献，为评估的科学性提供了保证。

2.3.2 已有研究的不足

目前，国内外针对城市道路交通有害气体排放、能源需求与消耗、公共健康评估及环境政策评估等领域进行了广泛研究，得到了很多有益结论，但仍旧存在以下主要问题：

第一，对于防治大气污染的城市道路交通政策实施效果评估并未形成统一的体系。通过分析相关文献发现，目前对于城市道路交通部门采取的环境政策有相关评估研究，但是不同学者在不同视角，应用不同领域方法进行研究，无论是学界还是政府，均未形成一套统一的评估体系，因此容易出现“公说公有理，婆说婆有理”的情况，对于同样的政策，应用不同方法及不同标准进行评估时，产生截然相反的评估结果。

第二，对于城市道路交通政策的评估缺乏整体性考虑，尤其缺乏对于微观主体的主观能动性的深入研究。通过分析文献发现，现有研究已经证实微观主体交通能源消费习惯和出行方式的不同选择会对交通排放产生不同影响，但现有研究缺乏对微观主体在城市道路交通政策实施过程中具体作用的深入研究。

第三，现有城市道路交通部门能源环境政策缺乏对公共健康及福利水平方面的考量。有关城市道路交通部门的能源环境政策主要以“节能减碳”为根本出发点和政策目标，往往忽视各种空气污染物（如 $PM_{2.5}$、PM_{10}、SO_2、CO、O_3、NO_x等污染物）对公共健康及福利水平的影响。在评价大气污染对公共健康福利的影响上，尽管有少数研究考虑到大气污染的累积效应，但在污染气体的选择上也往往局限于 O_3、SO_2等常规污染气体。然而，近些年来，如 $PM_{2.5}$和 PM_{10}等物质的危害日益显现。

对我国城市道路交通防治大气污染政策的实施效果进行评估是一项复杂而长期的系统工程，涉及环境保护和建设、交通需求和经济发展等各个方面。加上我国总体上经济发展水平还比较低，经济发展、交通需求和环境保护之间的矛盾十分尖锐，城市道路交通方面的大气环境保护研究尚处于探索阶段，许多问题还不清楚，有待于深入研究。从总体上看，和欧美西方国家相比，我国对于城市道路交通政策的研究刚刚起步，目前还没有形成一个较完善的统一评估体系，这说明我国城市道路交通政策的评估研究领域还有很大的拓展空间。

第3章

环境政策效应评估新体系：政策脱轨效应

我国政府为防治日益增长的道路部门带来的空气污染问题，从中央到地方积极采取了一系列城市道路交通的绿色发展政策，这些政策的实施效应是政府和学界关心的重要问题，然而正如第2章提到的目前关于这些政策的实施效果评估存在一定的不足和问题。本章首先通过对我国目前关于环境政策评估的思路和方法进行深入分析，总结发现现有的环境政策评估方法存在的不足：不能客观统一地评估各种类型的环境政策，因此本章创新地提出并构建了评估环境政策的新体系：政策脱轨效应，主要从政策脱轨效应的定义、产生原因、分类和评估思路四个方面构建了新评估体系的理论框架，进一步地对提出的新体系进行了理论验证和实际应用，应用此体系对我国广泛采用的三种类型环境政策进行理论层面评估。

3.1 现有环境政策实施效应评估分析

由于环境污染具有明显的社会负外部性，其涉及的主体较多，因此在环境政策实施过程中面临着各种困难和障碍，这也决定了我国的环境保护体系必须是多项政策的有机组合体，这无疑增加了环境政策评估的复杂性和难度。目前国内学术界对于环境政策实施效果的评估研究主要可以归为两大类。

第一，运用公共政策评估的基本模式，对于环境政策的实施效果和效率进行评估，大多数评估研究遵循了 Vedung 提出的 11 种政策评估模式①。如宋

① Vedung 把政策评估归纳成11 种模式：目标获取模式、侧面影响模式、自有目标评估模式、综合评估模式、用户导向模式、利益相关者模式、政策委员会评估模式、生产率模型、成本－效果模型、成本－效益模型、同行评议模式。

国君和金书秦（2008）运用目标导向模式对于淮河流域水环境保护政策的效果进行评估，结果表明淮河流域污染物排放没有得到控制，政策目标并没有达到。学者还采用环境政策评估的一般模式，对我国现有酸雨控制政策进行了初步的评估（宋国君等，2013）。国家环境经济政策研究与试点项目技术组（2016—2018）连续几年运用综合评估模式，采取实地调研和政策分析法对于我国重点环境经济政策2013—2017年度的进展情况分别进行了系统评估。李志青等（2017）从完整性、明确性、可执行性、协调性、成果性五个维度对广东省2015—2016年执行的环境经济政策组合体进行绩效评估分析。

第二，不同领域学者根据自身专业，运用相应领域的研究方法对于具体环境政策的实施进行评估和分析。如李钢等（2012）基于CGE模型，纳入环境管制成本，对于我国提升环境管制强度的效果进行评估。包群等（2013）运用倍差法研究了1990年以来中国各省份地方环境立法监管的实际效果。林惠凤等（2015）运用公共政策评估模式对于我国农业面源污染防治政策体系进行了评估和分析。肖翠翠和冯相昭（2016）对北京市淘汰高排放车辆政策的效果和效率进行了评估。李涛等（2016）对我国污水排污费政策进行了分析与评估。Qiu和He（2017）运用双重差分模型，以我国“十二五”期间开展的低碳交通城市试点项目为研究对象，评估了此项政策对于城市空气质量影响的效果。

综述以上发现，目前我国的环境政策评估发展仍不成熟，并未形成规范的评估制度和方法。现有的评估范例存在一定问题：运用一般公共政策评估模式进行环境政策评估时，存在评估目标不明确，可行的评估方法不完善，相关数据尚存不足等问题。而对具体环境政策进行评估时，由于不同领域的视角不同，不同的评估模式和方法，可能会带来不同的评估结果。如对于征收环境税的政策效果，基于不同研究方法将会得到不同的评估结果。有的学者认为征收环境税对环境和经济发展有促进作用，渐进递增的动态环境税政策体现了促进经济增长和降低污染水平的双重红利。然而，也有学者研究表明征收环境税会阻碍经济发展，环境税无法保证可持续发展，还有学者研究表明理论上存在征收能源税收入从而实现人均产出最大化或福利水平最大化，但实证研究发现，我国目前能源税分配政策难以同时实现人均产出与微观主体福利的最大化等。

鉴于现有的环境政策评估存在的问题，系统构建环境政策评估的理论技术方法体系，客观统一地评估环境政策的实施效果，无论在理论上还是对于政策实践，都是非常重要且亟须解决的问题，而且应用同一个评估体系对于不同类型的环境政策实施效应进行评估，保证不同环境政策评估标准的一致性，也是环境政策评估过程中不可避免的重要课题。

3.2 政策脱轨效应：评估新体系的理论构建

为了应对日益严重的环境污染问题，从中央到地方政府出台了一系列环境保护的政策措施。但实践发现，并非所有的环境政策都能达到其保护环境的设计初衷，甚至可能会加剧环境污染。如学者对于淮河流域水环境保护政策的效果进行评估，结果表明淮河流域污染物排放并没有得到有效控制（宋国君和金书秦，2008）。还有学者（包群等，2013）对于1990年以来中国各省份地方人大通过的84件环保立法的实际效果进行研究，发现绝大多数证据不支持地方环保立法监管能有效地改善当地环境质量。此外，环境政策的实施除了会对环境质量产生影响外，还可能会影响相关利益群体和特殊群体（如传统高排放企业、儿童、老人等人群），对经济发展和社会福利产生效应。为了能将环境政策实施带来的各种效应评估纳入统一的框架下，突破现有环境政策实施效果评估方法及思路存在的局限性，本书提出评估环境政策的新体系：政策脱轨效应。

3.2.1 政策脱轨效应的定义及内涵

政策脱轨效应，是指由于环境问题的复杂性（如涉及主体复杂、产权不明晰等），使得环境政策的实施未能达到其预期目标。广义上来说，预期目标主要包括效率和公平两个目标，效率目标如环境治理目标、成本—收益目标

（政策实施效率、经济发展影响）、社会福利目标等；公平性目标如是否影响其他产业、相关利益群体等。而环境政策的设计初衷是保护环境，减少环境污染，因此，狭义上来讲，预期目标主要是指环境治理目标，本书重点从狭义的角度来对政策脱轨效应进行探讨和分析。另外，考虑到环境政策实施后，其带来的环境变化呈现需要一定的时间，一些涉及产业发展的政策还将进一步影响宏观经济其他部门，因此环境政策效应有一定的滞后性。目前我国政府提出环境保护将是一项持久战，环境政策需要长期贯彻落实，因此环境政策制定时更需考虑所制定政策带来的中长期效应。基于此，研究重点从中长期角度对于政策脱轨效应进行分析和阐述。

根据政策脱轨效应的定义，我们可以将政策制定时计划减少的环境污染量与政策实施后实际减少的污染量差值作为政策脱轨效应大小。进一步地，将政策脱轨效应无量纲化，表示为百分比形式，即

$$DE = \frac{E^G - \sum_i E_i}{E^G} \times 100\% \tag{3-1}$$

其中，DE（derail effect）表示政策脱轨效应，E^G 表示政府期望可以达到的减排目标，$\sum_i E_i$ 代表政策实施后各主体实际减少的环境污染量。

根据上式测算得到政策脱轨效应的数值大小不同，代表了不同的环境政策评估结果（见表 3－1）。当 DE 值小于 0 或者等于 0 时，表示政策脱轨效应不存在，即环境政策的实施达到了制定时计划的治理目标。当 DE 值大于 0 时，表示政策脱轨效应存在，进一步分析当 DE 值介于 0 和 1 之间，说明环境政策实施后，环境质量得到部分改善，但并未达到预期目标。当 DE 值等于 1，说明环境政策的实施，对环境质量没有产生任何影响，政策完全失效。

表 3－1　政策脱轨效应大小及其政策内涵

DE 取值	$DE<0$	$DE=0$	$0<DE<1$	$DE=1$	$DE>1$
脱轨效应是否存在	否	否	是	是	是
政策评估结果	政策有效	政策有效	政策部分有效	政策完全失效	政策无效，且有负面影响

而当 DE 值大于1，是最糟糕的情况，说明环境政策不仅没有对环境质量的改善起到作用，反而使得环境质量更差。

根据以上提出的政策脱轨效应定义，研究选取特定环境政策并利用政策脱轨效应评估政策实施的有效性。为应对我国日益严重的区域性复合型大气环境问题，探索区域大气污染联防联控管理，我国于2012年10月制定了《重点区域大气防治“十二五”规划》，规划提出：到2015年我国重点区域环境空气质量有所改善，可吸入颗粒物、二氧化硫、二氧化氮、细颗粒物年均浓度分别下降10%、10%、7%和5%。同时提出以2010年为基准年，各重点省市的规划指标，我们以北京和河北为例进行分析（规划指标见表3-2）。

表3-2 “十二五”重点区域大气污染防治北京、河北规划指标及实际浓度

规划指标	二氧化硫	二氧化氮	可吸入颗粒物
北京	10%	7%	15%
河北	11%	7%	12%
2010年北京	0.0320	0.0570	0.1210
2015年北京	0.0135	0.0500	0.1015
2010年河北	0.0450	0.0290	0.0770
2015年河北	0.0410	0.0460	0.1360

注：表中百分比数据表示以2010年为基准年，到2015年规划各污染物年均浓度下降比例。其余据单位为 mg/m^3，其中河北省可吸入颗粒物主要为 PM_{10}。

根据《2010年北京市环境状况公报》《2015年北京市环境状况公报》《2010年河北省环境状况公报》和《2015年河北省环境状况公报》可获得北京和河北2010年及2015年的二氧化硫、二氧化氮和可吸入颗粒物的年均浓度值（见表3-2）。参照上文提出的政策脱轨效应定义，首先计算得出北京市和河北省到2015年各污染物年均浓度的实际下降比例，其中北京市2015年二氧化硫、二氧化氮和可吸入颗粒物年均浓度与2010年相比实际下降比例分别为：57.81%，12.28%，16.12%，代入公式（3-1），计算可知三种污染物的 DE 均为负值，对比表3-2，得出结论：此项环境政策在北京市的实施有效，而且超出政策制定时的预期。而计算发现河北省 2015 年二氧化硫、二氧化氮和可吸入颗粒物年均浓度与 2010 年相比实际下降比例分别为：8.89%，－58.62%，－76.60%，代入公式计算可知，对于二氧化硫 *DE* 值为 19.18%，对比表 3－2 可知政策部分有效，对于另外两种污染物 *DE* 值均大于 1，可知政策在河北省的实施完全失效。

3.2.2　政策脱轨效应产生的原因

环境政策和措施的制定，主要目的是提高环境质量，为什么实践中有些政策的效果有时不仅达不到事先预期，甚至还会产生一些负面影响，出现政策脱轨效应呢？从经济学的角度来看，使环境政策出现脱轨效应的根本原因在于环境污染具有负外部性，加之由于污染排放的特点，其产权无法清晰准确地进行界定，从而使解决环境污染负外部性变得非常复杂和困难。在治理环境污染的过程中，需要多方不同主体进行参与，然而不同经济主体对于环境政策的态度和反应不同，这些不同的行为反应在总体上导致环境政策的实际效果与预期目标产生偏离。

虽然近些年环境污染问题引起各方广泛关注，环境保护目标责任制也逐步纳入政绩考核体系，然而我国是一个发展中大国，区域发展不平衡问题严重存在，经济发展仍是很多地方的首要目标。地方的绿色发展和产业结构调整面临诸多制约，部分地方政府仍依赖于传统产业及粗放式增长模式①。而且一些地方政府为完成环境保护目标，往往采用突击式的措施强制企业限产限排，这在一定程度上给相关行业带来波动，部分企业可能会在来年突然释放产能从而引起污染排放的报复性反弹。这将使得区域环境质量无法得到改善，甚至出现恶化。

与此同时，虽然各行业根据环境保护相关法律、法规制定了污染物排放

---

① 目前，“我国东部一些地区经过近几十年的高速发展，已形成稳定的经济增长极，逐渐向创新和绿色发展阶段迈进，环境与经济的关系在统一，环境质量出现好转态势。但中西部、东北等以传统产业为主的地区经济发展、环境改善压力较大。中西部地区重化工项目投资持续攀升，相关产业自东向西转移的趋势已经比较明显。东北地区经济发展滞后，同时环境质量不容乐观，经济发展与环境关系呈现明显异化趋势。”——摘自陈吉宁在 2017 年全国环境保护工作会议上的讲话，央视网。

标准，但基本上只是规定污染物排放限值，排放限值并不代表零污染。随着我国经济的高速发展，产业产出快速增长，这使得总体的污染排放量也在快速增加，从而使得环境污染问题更加严重。

目前，我国环境政策更多针对的是微观经济主体，如生产者和消费者。微观经济主体对于环境政策的反应，有时也会抵消政策的实施效果。企业的本质是追求利益最大化，随着绿色技术的不断进步，治污成本也在不断降低。此时企业可能会选择扩大其生产规模而增加利润，虽然生产满足排放标准，但是由于扩大了生产规模，使得总体的污染物排放相比之前有所增加。同理，消费者由于产品价格的下降，相应地也会调整其消费组合。消费者可能会用节省下来的钱购买其他更具污染性的产品，由此带来总体环境质量的恶化。

综上，虽然环境问题涉及的主体较为复杂，环境政策在实施过程中发生作用的机理也千差万别，但通过以上分析发现，政策脱轨效应在实践中广泛存在，在理论上也是极度重要的研究问题，亟待深入分析和解决。

3.2.3 政策脱轨效应的分类

部分环境政策从短期来看，可能会增加治污成本，然而从总体和中长期来看，环境政策（无论是环境管制政策，还是环境鼓励政策）会使得生产满足环境标准的单位产品时，投入的社会平均治污成本下降。根据政策脱轨效应产生的原因，从经济学中生产—消费角度①，可以将政策脱轨效应的作用机制分为三类：狭义政策脱轨效应、引致政策脱轨效应和广义政策脱轨效应②。

---

① 正如前文所描述，政策脱轨效应的产生原因纷繁复杂。一项政策的冲击除了会产生直接的效应外，还可能会通过与其他主体的相关联系而产生更复杂的影响。不过虽然这些复杂影响可以被直接描述，但是难以量化。而且这些效应将远远小于直接的效应。因此，本书重点探讨由于环境政策实施对于生产者和消费者带来的价格和收入影响，从而造成政策实施并未实现设计目标，产生政策脱轨效应的情形。

② 研究接下来关于政策脱轨效应分类及估计的探讨，均在新古典经济学框架下进行。生产者和消费者均是完全理性经济人，在完全信息市场中进行选择以寻求利益和效用最大化。

狭义政策脱轨效应，是指从某特定环境政策的中长期来看，使得相关行业生产满足环境标准的单位产品和服务所投入平均治污成本降低，导致行业内产品和服务价格下降，从而对这些产品和服务需求增加。增加的产品和服务需求带来的污染物排放抵消了环境政策带来的污染物减少收益，从而使得实际产生的污染物减少量与政策期望的污染物减少量出现偏差。

研究试图基于消费者和生产者的角度对狭义政策脱轨效应进行解释。图 3－1 基于消费者效用函数，此效用函数满足完整性、传递性、连续性和严格凸性。图中 X 轴表示与环境政策相关的行业产品，Y 轴表示其他行业产品。环境政策的实施降低了相关行业的平均治污成本，此行业产品价格下降，因此原来预算线 a—b 移至 a—c。此时最佳消费组合也由（X_1，Y_1）变动到新的最佳消费组合（X_2，Y_2），使得消费者效用也由 U_1 变到 U_2。此时所产生的污染物排放即带来政策脱轨效应。

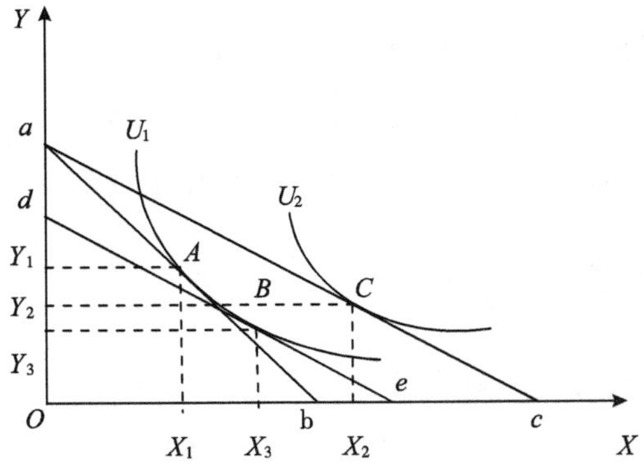

图 3－1　消费者视角下的狭义政策脱轨效应（替代效应和收入效应）

进一步，从消费者角度，我们还可以将狭义政策脱轨效应分解为替代效应和收入效应。替代效应指在保持消费者效用不变的情况下，消费者购买更多的此行业产品来替代其他行业产品。图 3－1 中最佳消费组合由 A 点（X_1，Y_1）变换到 B 点（X_3，Y_3）。收入效应指在保持其他行业产品价格不变的情况下，消费者真实收入增加，从而增加对此行业产品的消费，提高效用水平。图 3－1 中最佳消费组合由 B 点（X_3，Y_3）变换到 C 点（X_2，Y_2）。此时 X_2-X_1 所产生的污染物排放即带来总的狭义政策脱轨效应，X_3-X_1 所产生的污染物排放即替代效应，$X_2 - X_3$ 所产生的污染物排放即收入效应。

对于生产者而言，环境政策的实施将会改变生产者决策最优产量时的依据，进而影响产出，带来环境政策的脱轨效应，此机理我们将在下一节理论模型构建详细阐述。

引致政策脱轨效应，是指从某特定环境政策中长期来看，使得相关行业生产满足环境标准的单位产品和服务所投入的平均治污成本降低，导致行业内产品和服务价格下降，同时将引致其他将此行业产品和服务作为生产要素的产品或服务价格降低，这些产品、服务价格的降低也将引致对其需求的增加。此时增加的需求不仅包括环境政策作用的行业产品和服务，还包括将其作为生产要素的行业产品和服务。因此增加的需求使得实际污染物减少量与预期污染物减少量出现偏差，从而产生引致政策脱轨效应。

而广义政策脱轨效应包含内容更为广泛，其包括了狭义政策脱轨效应和引致政策脱轨效应。由于环境政策的实施必定会对其他产业和相关利益主体带来影响，从而使得总体的环境污染物排放发生变化，进而使得实际污染物减少量与预期污染物减少量不一致，从而产生政策脱轨效应。

3.2.4 政策脱轨效应的估计

根据以上对于政策脱轨效应的分析和讨论，可以从以下三个方面对环境政策的实施是否产生政策脱轨效应进行测算和估计。

第一，根据政策脱轨效应的定义，直接测算。其主要思想是比较政策制定时计划减少的环境污染量与政策实施后实际减少的污染量。这种方法的优点是计算简单直接，而且和政策脱轨效应的定义完全吻合。然而由于环境政策产生影响的作用机理非常复杂，涉及主体繁多，因此环境政策带来的实际污染物排放变化情况不容易区分和获得。

第二，根据政策脱轨效应的不同分类机制，利用经济学中弹性的概念进行估计。其主要思想是假设行业内其他投入要素保持不变，环境政策影响行业内平均治污成本，使得行业内产品价格下降，因此脱轨效应取决于行业内产品的价格需求弹性。其优点是计算方法成熟，然而，由于环境污染问题较为复杂，包括了水污染，大气污染，土壤污染等不同污染问题，因此在实际测算中，需要根据具体的研究对象和研究问题设置合理假设。

第三，利用一些仿真模型和技术对整个经济系统进行模拟估计，如一般均衡模型（CGE）、投入产出分析等。其优点是不仅可以估计狭义政策脱轨效应和引致政策脱轨效应，还能考虑不同行业和部门，将宏观经济层面的政策脱轨效应估计出来。然而，此类方法对于数据要求较高，计算较为复杂。

以上仅提供了一些估计政策脱轨效应的思路，然而由于不同环境政策针对不同的行业和不同的污染物，还需要结合实际情况和特定领域知识建立合理的模型来测算环境政策实施后是否存在政策脱轨效应。

研究从以上三个方面对政策脱轨效应的理论体系进行构建，其与现有的政策评估方法相比拥有以下优势：政策脱轨效应的评估目标很明确，就是环境政策预期目标和实际效果的比较，而且通过评估脱轨效应来评估环境政策也可以巧妙地解决政策影响的复杂性问题。政策评估面临的最主要困难是测量政策效应的大小或强弱，而通过测量政策脱轨效应的大小可以反映政策效应的强弱。另外，目前对于不同类型环境政策的评估，由于评估时视角不同，所采用的评估体系、方法等不同，导致评估结果有时存在巨大差异，政策脱轨效应适用于任何类型的环境政策，这就将不同的环境政策实施效果评估统一到同一体系下。因此，政策脱轨效应可以为目前环境政策评估提供一个新的思路和评估体系，在理论和实践方面均可以起到重要作用。

3.3　政策脱轨效应：理论模型分析与应用

为了进一步研究和分析环境政策实施出现脱轨效应的经济学机理，并应用政策脱轨效应对我国常用的不同类型环境政策进行分析，研究接下来基于生产—消费理论，分别从微观经济主体（生产者和消费者）的角度建立模型，对于政策实施后微观经济主体的反应和选择进行分析，并进一步应用政策脱轨效应理论探讨和研究我国不同类型环境政策的实施情况。

3.3.1 基于微观主体的政策响应

基于以上对于政策脱轨效应的理论框架描述，研究从微观主体（消费者）角度分析和构建模型以理解政策脱轨效应的产生机理。在图 3－2 中，假设有两类商品（或服务）：与环境政策相关行业的商品组合 X，以及其他行业商品组合 Y。理性消费者在固定收入约束下，寻求最优商品组合（X_1，Y_1）使其获得最大效用水平 U_1。由于环境政策的实施，使得相关行业生产满足环境标准的单位产品时投入的平均治污成本下降，从而使得产品价格下降。此时消费者收入预算线改变，其最优组合由 A 点变动到 B 点，此时消费商品组合为（X_2，Y_2），获得更高效用 U_2。

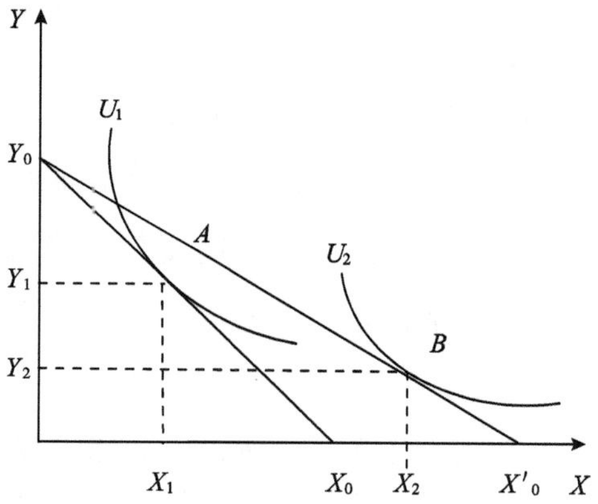

图 3－2　消费者视角下的狭义政策脱轨效应

现在假设 $E(x)$ 表示环境政策实施前，生产 x 单位产品时的污染排放；$E'(x)$ 表示环境政策实施后，生产同样数量产品时的污染排放。污染函数 $E(x)$ 满足以下关系：① $E(x) > E'(x)$；② $E(x_1 + x_2) = E(x_1) + E(x_2)$；③当 $x_1 > x_2$ 时，$E(x_1) > E(x_2)$。因此，由政策脱轨效应的定义可以计算图 3－2 中狭义政策脱轨效应的大小为

$$
\begin{aligned}
DE &= \frac{E^G - \sum_i E_i}{E^G} \times 100\% \\
&= \frac{[E(X_1 + Y_1) - E'(X_1 + Y_1)] - [E(X_1 + Y_1) - E'(X_2 + Y_2)]}{E(X_1 + Y_1) - E'(X_1 + Y_1)} \times 100\% \\
&= \frac{E'(X_2 + Y_2) - E'(X_1 + Y_1)}{E(X_1 + Y_1) - E'(X_1 + Y_1)} \times 100\% \\
&= \frac{[E'(X_2) - E'(X_1)] + [E'(Y_2) - E'(Y_1)]}{E(X_1) - E'(X_1) + E(Y_1) - E'(Y_1)} \times 100\% \qquad (3-2)
\end{aligned}
$$

由于其他行业并没有实施环境政策，故 Y 产品排放没有变化，即 $E(Y_1) - E'(Y_1) = 0$，此时式（3－2）可化简为

$$
DE = \frac{[E'(X_2) - E'(X_1)] + [E(Y_2) - E(Y_1)]}{E(X_1) - E'(X_1)} \times 100\% \qquad (3-3)
$$

进一步地，假设其他行业产品 Y 是零污染排放，则式（3－3）可进一步简化，形式类似自价格需求弹性的形式：

$$
DE = \frac{E'(X_2) - E'(X_1)}{E(X_1) - E'(X_1)} \times 100\% \qquad (3-4)
$$

对比式（3－3）和式（3－4），不难发现其他行业产品 Y 与环境政策实施的行业产品 X 之间的关系影响了政策脱轨效应的大小。如果 X 产品是 Y 产品的替代品，比如新能源行业（X）与传统煤炭行业（Y）。如果环境政策鼓励新能源行业的推广和应用，使得新能源产品价格降低，此时市场上的一种反应是增加新能源产品需求，同时减少传统煤炭产品的使用。此时在式（3－3）中 $Y_2 < Y_1$，则 $E(Y_2) < E(Y_1)$，估计出的政策脱轨效应将会减小，说明替代品关系会抑制政策脱轨效应的产生。从式（3－3）中分析，分母也有可能为负，说明政策脱轨效应不存在，此时的环境政策是有效的，且有着显著的积极作用。

但 X 产品和 Y 产品也可能是互补品的关系，比如新能源汽车（X）与新能源（Y）。如果环境政策鼓励新能源汽车的研发和使用，使得新能源汽车的成本下降，此时消费者可能会增加新能源汽车使用，这势必会增加对新能源产品的消费。然而新能源虽是清洁能源，但并不是零污染，尤其目前在我国

发电结构还处于传统煤电模式，故电力消费的增多，会增加污染排放。故而在式（3－3）中 $Y_2 > Y_1$ ，则 $E(Y_2) > E(Y_1)$ ，估计出的政策脱轨效应将会增大，此时互补品关系可能会促进政策产生脱轨效应，从而使得政策不能实现设计目标，政策失效。

通过以上分析，从消费者角度可以发现消费组合中商品的替代（互补）关系会影响政策脱轨效应的产生。然而在现实实践中，由于消费者可选择的替代品或互补品的商品组合太多，从而想要实证估计某一政策实施是否产生脱轨效应存在一定困难和障碍。因此，利用政策脱轨效应评估环境政策还需要根据具体实施领域，采取相应模型和方法。

3.3.2 政策脱轨效应的应用：不同类型的环境政策分析

进一步研究应用政策脱轨效应理论分析和理解我国常用的几种环境政策类型的实施情况。由于我国环境政策主要约束和实施对象为生产端，因此研究主要从微观主体（生产者）角度构建政策脱轨效应模型。为简化分析，假设市场上主要有两个行业，每个行业有一个代表厂商，生产有差别的产品：一是实施环境政策的行业 I（其代表厂商用 0 表示）；二是其他行业 I′（其代表厂商用 1 表示）。此时的市场可以近似看作寡占市场，根据 Singh 和 Vives（1984）研究可知消费者的效用函数可以表示为

$$U(q_0,q_1) = \alpha_0 q_0 + \alpha_1 q_1 - \frac{1}{2}(\beta_0 q_0^2 + 2\gamma q_0 q_1 + \beta_1 q_1^2) \qquad (3-5)$$

为了更好地建立和推导接下来的模型，本书采用了 Wang 和 Wang（2009）研究中的简化处理，令 $\alpha_0 = \alpha_1 = \alpha, \beta_0 = \beta_1 = 1$ ，不失一般性。则简化后此市场中消费者的效用函数为

$$U(q_0,q_1) = \alpha(q_0 + q_1) - \frac{1}{2}(q_0^2 + 2\gamma q_0 q_1 + q_1^2) \qquad (3-6)$$

其中参数 $\alpha > 0$ ，q_0 和 q_1 分别表示实施环境政策的行业 I 和其他行业 I′的产量，$\gamma \in [-1,1]$ 表示两个行业的产品的差异性，当 $\gamma \to -1$ ，表示两个行业的产品趋近完全互补，当 $\gamma \to 1$ ，表示两个行业的产品趋近于完全替代。基于此，总供给函数：$Q = q_0 + q_1$ 。

由消费者效用函数可得到需求函数的变形：

$$p_i = \alpha - q_i - \gamma q_j, i,j = 0,1, i \neq j \tag{3-7}$$

消费者剩余可表达为

$$\begin{aligned} CS &= U(q_0, q_1) - \sum_{i=0}^{1} p_i q_i \\ &= \frac{1}{2}(q_0^2 + 2\gamma q_0 q_1 + q_1^2) \end{aligned} \tag{3-8}$$

根据现有研究中常使用的假设：企业的边际成本呈线性增长，企业的生产成本函数设为

$$C(q_i) = F + q_i^2, i = 0,1 \tag{3-9}$$

企业在生产过程中都会造成不同程度环境污染，本书假设企业生产过程中的污染排放为

$$E = \theta_i q_i, i = 0,1 \tag{3-10}$$

其中 θ_i 为不同行业单位产量的污染排放因子。由于政府对于I行业推行了环境政策，即可以理解为规定了排放上限 e，故I行业企业为了达到环境目标，采取相应的减排措施，从而产生减污成本：

$$CA = \frac{1}{2}k(\theta_0 q_0 - e)^2, k > 0 \tag{3-11}$$

基于以上，实施环境政策的行业I和其他行业I′的企业利润函数分别表示为

$$\pi_0 = p_0 q_0 - C(q_0) - CA \tag{3-12}$$

$$\pi_1 = p_1 q_1 - C(q_1) \tag{3-13}$$

接下来，企业根据不同约束选择最优产量进行生产决策。假设企业是理性经济主体，一般条件下，企业的决策目标是最大化其利润，即

$$\begin{cases} \text{Max } \pi_0 \\ \text{Max } \pi_1 \end{cases} \tag{3-14}$$

分别对公式（3-12）和公式（3-13）求解关于产量 q_0, q_1 的一阶微分，令其等于0，从而求得行业I和其他行业I′生产决策的最优产量。

$$\begin{cases} \dfrac{\partial \pi_0}{\partial q_0} = \alpha - (4 + k\theta_0^2) q_0 - \gamma q_1 + k\theta_0 e = 0 \\ \dfrac{\partial \pi_1}{\partial q_1} = \alpha - \gamma q_0 - 4q_1 = 0 \end{cases} \tag{3-15}$$

由方程（3－15），可以得到市场上不同行业的生产决策：

$$\begin{cases} q_0 = \dfrac{\alpha(4-\gamma) + 4k\theta_0 e}{4(4+k\theta_0^2) - \gamma^2} \\ q_1 = \dfrac{\alpha(4+k\theta_0^2-\gamma) - k\theta_0\gamma e}{4(4+k\theta_0^2) - \gamma^2} \end{cases} \tag{3-16}$$

从上面公式分析可以看到，当政府对某行业实施环境政策时，即规定此行业的排污限值 e，随着政策的不断深入，排污限值表现为数值的不断缩小。短期来看，在其他参数保持不变的情况下，此时实施环境政策的行业 I 的最优产量 q_0 将会减少，以此满足环境政策限值的要求。与此同时，当 $\gamma \in (0,1]$ 时，两个行业产品是替代关系，由公式（3－16）可以得出此时替代行业 I′的最优产量 q_1 将会增大。当 $\gamma \in [-1,0)$ 时，两个行业产品为互补关系，由公式（3－16）可以得出此时互补行业 I′的最优产量 q_1 将会减小，这符合经济学理论。从长期来看，环境政策推行使得行业 I 生产过程的减污成本下降，在公式（3－11）中表现为 k 值的下降，此时两个行业产量的变化也符合经济学理论。

然而，当政府对某一产业实施环境政策时，政府期望此行业可以承担更多的社会责任，因此从政府的角度希望环境政策实施的行业 I 在决策最优生产量时，不仅考虑企业自身利润，同时还要承担其他责任。

政策类型一：政策设计只考虑某一行业

此政策主要针对某一行业实施环境政策，希望以此可以减少企业污染排放。在我国环境保护初期，政府常常采用此类政策进行环境管制，主要采取强制性的“关停并转”等措施强加于一些高排放的行业。此时从政府的角度，只考虑了特定行业的社会责任，期望企业决策时目标函数不仅是最大化自身利润，还需要考虑最大化消费者剩余。因此，市场上企业决策时的目标函数变为

$$\begin{cases} \mathrm{Max}(\pi_0 + CS) \\ \mathrm{Max}\ \pi_1 \end{cases} \tag{3-17}$$

求解关于产量 q_0, q_1 的一阶微分，令其等于0，从而求得行业I和其他行业I′生产决策的最优产量。

$$\begin{cases} \dfrac{\partial(\pi_0 + CS)}{\partial q_0} = \alpha - (3 + k\theta_0^2)q_0 + k\theta_0 e = 0 \\ \dfrac{\partial\pi_1}{\partial q_1} = \alpha - \gamma q_0 - 4q_1 = 0 \end{cases} \tag{3-18}$$

由方程（3－18）可以求得政府期望企业决策的最优产量为

$$\begin{cases} q_0^G = \dfrac{\alpha + k\theta_0 e}{3 + k\theta_0^2} \\ q_1^G = \dfrac{\alpha(3 + k\theta_0^2 - \gamma) - k\theta_0\gamma e}{4(3 + k\theta_0^2)} \end{cases} \tag{3-19}$$

一方面，政府期望环境政策实施后，企业可以按照公式（3－19）进行生产决策，此时环境政策实施，污染限值变动 Δe，政府期望的企业排污变动为

$$\begin{cases} \Delta E_0^G = \theta_0\Delta q_0^G = \theta_0\dfrac{k\theta_0\Delta e}{3 + k\theta_0^2} \\ \Delta E_1^G = \theta_1\Delta q_1^G = \theta_1\dfrac{-k\theta_0\gamma\Delta e}{4(3 + k\theta_0^2)} \end{cases} \tag{3-20}$$

另一方面，企业作为理性经济主体仍旧会选择公式（3－16）确定生产的最优产量，环境政策的实施使得企业实际排污变动为

$$\begin{cases} \Delta E_0 = \theta_0\Delta q_0 = \theta_0\dfrac{4k\theta_0\Delta e}{4(4 + k\theta_0^2) - \gamma^2} \\ \Delta E_1 = \theta_1\Delta q_1 = \theta_1\dfrac{-k\theta_0\gamma\Delta e}{4(4 + k\theta_0^2) - \gamma^2} \end{cases} \tag{3-21}$$

此时政府期望企业的减污量和实际企业减污量出现偏差，在技术保持不变的情况下，排放因子 θ 不变，此时环境政策实施后，行业I实际的污染排放变动比政府期望行业I的污染排放变动要小，因为 $\gamma \in [-1,1]$，所以 $16-\gamma^2 \in [15,16]$，因此有

$$\frac{\Delta E_0^G}{\Delta E_0} = \frac{4(4 + k\theta_0^2) - \gamma^2}{4(3 + k\theta_0^2)} > 1 \tag{3-22}$$

即 $\Delta E_0 < \Delta E_0^G$ 。故而对于实施环境政策的行业 I，此时脱轨效应必然会发生。同理，其他行业 I′的实际污染变动也比政府期望的污染排放变动要小，即 $\Delta E_1 < \Delta E_1^G$ ，市场总的实际污染排放变动比政府期望的污染排放变动也要小，即 $\Delta E < \Delta E^G$ 。从这一角度来看，如果政策只考虑某一行业，如只针对高排放污染企业，对其强制性管制的环境政策，那通过以上分析可以发现环境政策的实施必然会出现政策脱轨效应。

政策类型二：设计考虑整个市场总福利最大化

在政策类型一实施后，政府发现环境保护不能只考虑特定行业的环境规制，还需要将整个经济系统发展纳入考量。因此之后政府设计环境政策时，除了希望可以保护环境，减少污染外，还希望不要损害经济发展，即同时考虑社会总福利（消费者剩余和生产者剩余之和）最大化。环境政策实施行业 I 决策时的目标函数则进一步变为消费者剩余（CS）与生产者剩余（PS）之和最大化，其中生产者剩余函数 $PS = \pi_0 + \pi_1$ ，此时市场的最优产量决策要求

$$\begin{cases} \mathrm{Max}(CS + PS) \\ \mathrm{Max}\ \pi_1 \end{cases} \tag{3-23}$$

最优产量可以由以下方程获得

$$\begin{cases} \dfrac{\partial(CS + PS)}{\partial q_0} = \alpha - (3 + k\theta_0^2)q_0 - \gamma q_1 + k\theta_0 e = 0 \\ \dfrac{\partial \pi_1}{\partial q_1} = \alpha - \gamma q_0 - 4q_1 = 0 \end{cases} \tag{3-24}$$

由此计算得到政府期望企业决策的最优产量为

$$\begin{cases} q_0^{G'} = \dfrac{\alpha(4 - \gamma) + 4k\theta_0 e}{4(3 + k\theta_0^2) - \gamma^2} \\ q_1^{G'} = \dfrac{\alpha(3 + k\theta_0^2 - \gamma) - k\theta_0\gamma e}{4(3 + k\theta_0^2) - \gamma^2} \end{cases} \tag{3-25}$$

此类政策设计政府期望环境政策实施后，企业可以按照公式（3－25）进行决策生产。环境政策实施，政府期望的企业排污变动在公式（3－25）的基

础上发生，即

$$\begin{cases} \Delta E_0^{G'} = \theta_0 \Delta q_0^{G'} = \theta_0 \dfrac{4k\theta_0 \Delta e}{4(3 + k\theta_0^2) - \gamma^2} \\ \Delta E_1^{G'} = \theta_1 \Delta q_1^{G'} = \theta_1 \dfrac{-k\theta_0 \gamma \Delta e}{4(3 + k\theta_0^2) - \gamma^2} \end{cases} \tag{3-26}$$

企业作为理性经济主体，实际的生产决策仍旧会遵循公式（3－16），企业的实际污染变动仍为公式（3－21），行业 I 实际污染变动仍旧小于政府期望的污染变动量，因为容易得知

$$\frac{\Delta E_0^{G'}}{\Delta E_0} = \frac{4(4 + k\theta_0^2) - \gamma^2}{4(3 + k\theta_0^2) - \gamma^2} > 1 \tag{3-27}$$

即 $\Delta E_0 < \Delta E_0^{G}{'}$，同理，其他行业 I′的实际污染变动也比政府期望的污染变动量小，即 $\Delta E_1 < \Delta E_1^{G}{'}$，总的污染变动 $\Delta E < \Delta E^{G}{'}$。此时政策设计虽然考虑了整个市场的总福利最大化，但仍旧更多地考虑了经济发展的目标，结果是政策实施后的脱轨效应也必然会发生。

政策类型三：政策设计考虑社会净福利最大化

进一步地，政府提出“绿水青山就是金山银山”的发展理念，希望同时实现经济效益、社会效益和生态效益的协调统一发展，因此在设计政策时，政府的设计目标进一步变为希望社会净福利（W）最大化，即考虑环境污染带来的社会负外部性，此时 $W = CS + PS - ED$，其中 ED 代表环境污染带来的环境损失，本书只考虑由于企业生产排放的污染造成的环境损失①。本书假设由于企业生产带来的环境损失函数为

$$ED = \frac{1}{2} d \left(\sum_{i=0}^{1} \theta_i q_i \right)^2, i = 0,1, d > 1 \tag{3-28}$$

其中假设 $d > 1$ 是为了保证减少污染排放是正向的，参数 d 代表了政府对于环境价值的衡量，即减少一单位环境损害愿意支付的价值，具体参见 Barcena－Ruiz 和 Garzon（2006）的研究。

① 已有研究表明，除了企业生产会带来环境损失外，消费者在消费过程中、居民在生活中均会带来环境污染，从而造成环境损失。

因此市场上企业的最优产量决策函数为

$$\begin{cases}\text{Max } W \\ \text{Max } \pi_1\end{cases} \tag{3-29}$$

最优产量决策方程为

$$\begin{cases}\dfrac{\partial W}{\partial q_0} = \alpha - (3 + k\theta_0^2 + d\theta_0^2)q_0 - (\gamma + d\theta_0\theta_1)q_1 + k\theta_0 e = 0 \\ \dfrac{\partial \pi_1}{\partial q_1} = \alpha - \gamma q_0 - 4q_1 = 0\end{cases} \tag{3-30}$$

政府期望企业决策的最优产量为

$$\begin{cases}q_0^{G''} = \dfrac{\alpha(\gamma + d\theta_0\theta_1 - 4) - 4k\theta_0 e}{\gamma^2 - 12 + d\gamma\theta_1\theta_0 - 4(k + d)\theta_0^2} \\ q_1^{G''} = \dfrac{\alpha[\gamma - 3 - (k + d)\theta_0^2] + k\gamma\theta_0 e}{\gamma^2 - 12 + d\gamma\theta_1\theta_0 - 4(k + d)\theta_0^2}\end{cases} \tag{3-31}$$

当政府实施环境政策的目的是社会净福利最大化时，其期望环境政策实施后，企业可以按照公式（3－31）进行决策生产。环境政策实施，政府期望的企业排污变动为

$$\begin{cases}\Delta E_0^{G''} = \theta_0\Delta q_0^{G''} = \theta_0\dfrac{4k\theta_0\Delta e}{4(k + d)\theta_0^2 - d\gamma\theta_1\theta_0 + 12 - \gamma^2} \\ \Delta E_1^{G''} = \theta_1\Delta q_1^{G''} = \theta_1\dfrac{k\theta_0\gamma\Delta e}{\gamma^2 - 12 + d\gamma\theta_1\theta_0 - 4(k + d)\theta_0^2}\end{cases} \tag{3-32}$$

同政策类型一和二的情形，企业作为理性经济主体，实际的污染变动仍旧会遵循公式（3－21），此时比较 $\Delta E_0^{G''}$ 与 ΔE_0，以及 $\Delta E_1^{G''}$ 与 ΔE_1 的大小，从而判断脱轨效应是否会发生。

$$\frac{\Delta E_0^{G''}}{\Delta E_0} = \frac{4(4 + k\theta_0^2) - \gamma^2}{4(k + d)\theta_0^2 - d\gamma\theta_1\theta_0 + 12 - \gamma^2} = \frac{4 + 4k\theta_0^2 + 12 - \gamma^2}{4d\theta_0^2 - d\gamma\theta_1\theta_0 + 4k\theta_0^2 + 12 - \gamma^2} \tag{3-33}$$

$$\frac{\Delta E_1^{G''}}{\Delta E_1} = \frac{-[4(4 + k\theta_0^2) - \gamma^2]}{\gamma^2 - 12 + d\gamma\theta_1\theta_0 - 4(k + d)\theta_0^2} = \frac{4 + 4k\theta_0^2 + 12 - \gamma^2}{4d\theta_0^2 - d\gamma\theta_1\theta_0 + 4k\theta_0^2 + 12 - \gamma^2} \tag{3-34}$$

由以上两个式子可以看出，环境政策的实施是否会发生脱轨效应，取决于函数$f = 4d\theta_0^2 - d\gamma\theta_1\theta_0$的大小。如果$f$值小于 4，则

$$\frac{\Delta E_0^{G''}}{\Delta E_0} > 1, \frac{\Delta E_1^{G''}}{\Delta E_1} > 1 \tag{3-35}$$

此时企业实际减污量要小于政府预期减污量，政策脱轨效应发生；如果f值大于等于 4，则

$$\frac{\Delta E_0^{G''}}{\Delta E_0} \leqslant 1, \frac{\Delta E_1^{G''}}{\Delta E_1} \leqslant 1 \tag{3-36}$$

此时企业实际减污量要等于或者大于政府预期减污量，此时政策脱轨效应不会发生，政策有效。因此，当政府的目标是社会净福利最大时，设计的环境政策实施后，是否能达到政策设计初衷，取决于参数 d（减少单位环境损害愿意支付的价值）；参数 θ_i（各行业单位产量的污染排放因子）①。因此从模型来看，如果想要避免脱轨效应的出现，使得环境政策实施有效，一方面可以提高单位环境效益，如当提高环境质量所得到的收益很大时，企业就会有动力主动减少污染排放，从而实现政府设计政策的初衷；另一方面，还可以减少各行业污染排放因子，如积极鼓励和推进企业技术创新，使得单位产量污染排放减少，从而满足在不影响经济发展的情况下实现环境保护的目标。

3.3.3　理论框架与现有实证研究结果的印证

通过以上运用政策脱轨效应理论对微观经济主体的行为建模分析可以发现，消费品之间的替代（或互补）关系、单位环境效益和单位产量排污因子均可能影响政策脱轨效应的产生。目前相关实证研究对此有所印证，如有学者利用弹性模型研究了我国 1986—2014 年交通行业有关环境政策的实施效果，（Qiu 和 He，2017）研究表明机动车的污染排放因子将会影响政策实施的中长期效果。（郑丽琳和朱启贵，2012）研究利用 DSGE 模型发现环保技术冲击对污染排放量的限制作用相比生产技术冲击更直接，而且环保技术的减排

① 因为γ是两个行业产品的差异性，当行业确定时，γ值一定，故函数f取值只与参数 d 和 θ_i 有关系。

效应短期显著。目前大气污染的产生主要与能源消耗相关，大量研究表明我国能源消费存在回弹效应①，这一定程度上说明大气污染的排放也存在回弹。能源回弹、污染回弹等都是政策脱轨效应的现实反映，然而目前关于污染排放和环境政策的研究大多数是从不同领域的不同视角进行实证分析，缺乏统一的理论证明和支撑，本书提出的政策脱轨效应正是对此问题的理论总结。另外，从政策脱轨效应角度分析，当政府在制定环境政策时，如果只考虑经济发展和某一行业的效益时，政策实施后的脱轨效应必然会发生，环境政策实施不会达到其设计初衷。学者对于1995—2005年淮河流域水环境保护政策的效果进行评估，结果表明淮河流域污染物排放没有得到有效控制，规划目标没有达到（宋国君和金书秦，2008）。包群等（2013）利用倍差法思路对于1990年以来中国各省份地方人大通过的84件环保立法的实际效果进行研究，发现单纯的环保立法并不能有效抑制当地污染排放。研究通过应用政策脱轨效应对我国不同类型的环境政策进行分析发现，只有在树立“青山绿水就是金山银山”的意识情况下，即不仅考虑经济发展，还要将环境污染带来的社会负外部性考虑进来。此种情况下环境政策的实施才有可能不发生脱轨效应，进而实现经济发展、环境改善和社会福利相统一。

3.4 本章小结

为防治日益增长的交通需求带来越来越严重的空气污染问题，我国政府制定并推行了一系列城市道路交通环境保护政策。然而，对于这些政策的实施效果如何，学术界看法不一。本章首先通过综述目前我国对于环境政策实施效果的评估思路和方法，发现现有的环境政策评估并未形成统一的评估规范制度和体系，现有的评估方法和范例也存在局限性。另外，目前环境政策效果评估使用的各种方法均有其适用条件和范围，如目前使用较多的指标体

---

① 因为γ是两个行业产品的差异性，当行业确定时，γ值一定，故函数f取值只与参数d和θ_i有关系。

系评估方法，其中指标体系的确定有着显著的主观性，指标体系的建立直接影响政策评估的有效性和准确性。

因此，本章突破现有环境政策评估存在的局限性，提出可以客观系统评估环境政策实施效果的评估理论：政策脱轨效应，为下文的政策评估提供理论支撑。首先从政策脱轨效应的定义内涵、产生原因、机制分类和估计测算四个方面构建了政策脱轨效应的理论体系。进一步地，应用政策脱轨效应深入分析了我国常用的三种类型环境政策的实施，从微观经济主体的行为及其对政策的反馈出发建立了政策脱轨效应模型，研究发现：①环境政策的实施确实存在产生政策脱轨效应的可能性，政策实施效果无法达到预期目标；②从微观市场主体来看，不同消费品之间的关系将会影响政策脱轨效应的产生；单位环境效益和单位产量排污因子也会影响政策脱轨效应；③从脱轨效应角度分析，政策制定时的决策目标在很大程度上影响了政策实施效果，当以社会净福利为制定依据时，政策实施才可能会避免出现政策脱轨效应。

本章的研究不仅对我国现有的环境政策实施效果评估提出新的理论框架和评估体系，同时也将成为本书的重要理论基础，接下来，本书将具体应用政策脱轨效应的思路对我国防治大气污染的城市道路交通政策进行评估。

第4章

我国城市道路交通——环境政策实施效应的实证评估

随着我国经济的发展，我国的道路交通需求日益增长，同时带来了严重的空气污染排放，尤其给我国城市空气质量带来巨大的负面影响。为减缓和防治由于城市道路交通带来的空气污染问题，我国政府制定了一系列防治大气污染的城市道路交通政策，这些政策实施后带来的效应是政策制定者和理论界关注的重要问题，然而目前对这些政策的实施效应缺乏科学客观地评估。在上一章我们综述了现有的环境政策评估常用思路和方法，发现存有主观性、随意性等问题，因此我们提出了评估交通—环境政策的新体系——政策脱轨效应，构建了政策脱轨效应的理论框架，并应用政策脱轨效应体系对我国常用的三类环境政策进行理论分析和效应评估。本章进一步借助政策脱轨效应的不同评估思路，对我国防治大气污染的城市道路交通政策实施效应进行定量实证评估。本章研究首先分析并总结了目前我国防治大气污染的城市道路交通政策，之后应用政策脱轨效应评估体系对我国防治大气污染的城市道路交通政策从整体效应和特定政策的特定效应两个方面分别进行评估。具体地，应用狭义政策脱轨效应对我国城市道路交通—环境政策的整体实施效应进行评估，最后又选取了特定地区的特定防治大气污染的城市道路交通政策，应用政策脱轨效应的评估思路进行评估。

4.1　我国防治大气污染的城市道路交通政策分析

为了防治道路交通带来的日益增长的空气污染排放，我国从中央到地方政府陆续制定了一系列关于城市道路发展中的环境保护政策，以实现减缓和防治道路交通带来的污染排放，本节主要对我国防治大气污染的交通政策，尤其是城市道路交通方面的环境政策进行分析和总结，为下文的政策效应评估和模拟提供政策依据。

4.1.1 我国道路交通防治大气污染的总体政策方向

防治大气污染是我国环境保护的重要内容之一，分析发现我国环境保护相关的法律规制相对开始较晚，传统上，中国一般倾向于使用道德和习俗等来约束社会行为从而进行环境保护，我国环境法律法规的体系构建大概从20世纪70年代初开始，随着改革开放的不断深入，我国工业和企业得到快速发展，同时我国逐渐参与了世界的各项活动，环境保护才渐渐引起政府和各界的广泛关注。1989年制定公布的《中华人民共和国环境保护法》作为环境保护的基本法（2014年修订），确定了环境保护作为我国的基本国策，规定了环境保护是每个公民的义务，为其他环境保护相关的法律法规和政策措施提供了根本的法律保证。而在1987年《中华人民共和国大气污染防治法》已经制定和公布，为我国大气污染防治提供了法律依据，并规定了各级政府和各个行业的防治标准和具体措施，又于2000年和2015年分别进行了修订，逐渐完善了我国大气污染防治的基本法规，在其中第三节专门规定了“机动车船等污染防治”，明确提出如“国家倡导低碳、环保出行”“合理控制燃油机动车保有量，大力发展城市公共交通，提高公共交通出行比例”“推广应用节能环保型和新能源机动车”“机动车不得超过标准排放大气污染物”等要求。在此基础上，我国政府、各部委、地方政府陆续制定了一系列具体的大气污染防治法律法规和政策措施。由分析可以看出，各项法律法规和政策措施中，关于道路交通的大气污染防治是必不可少的内容之一。

除了法律方面对道路交通的大气污染防治做出规定和要求外，我国政府陆续发布相关文件明确道路交通在环境保护方面的发展目标。自十八大报告提出要大力发展社会主义生态文明建设以来，生态和环境保护问题已提高到国家发展战略层面，之后在十九大报告中明确提出要推进绿色发展，开展创建绿色出行等行动。另外，我国各阶段的“五年规划”均提出要加强生态、环境与资源的保护，尤其从“十二五规划”（2011—2015年）开始明确提出要进行大气污染的防治，如“十二五规划”首次明确提出要大幅降低能源消耗强度和二氧化碳排放强度作为约束性指标，有效控制温室气体排放。“十三五规划”中首次提到要大力发展绿色交通以推进低碳循环发展，其中明确提出要“推进交通运输低碳发展，实行公共交通优先，加强轨道交通建设，鼓励自行车等绿色出行。实施新能源汽车推广计划，提高电动车产业化水平。”2015 年中共中央、国务院发布《关于加快推进生态文明建设的意见》，其中提出要“优先发展公共交通，优化运输方式，推广节能与新能源交通运输装备”。国务院 2017 年又印发《“十三五”现代综合交通运输体系发展规划》专门提出要促进交通运输绿色发展，强化生态保护和污染防治。

在党和国家的发展规划指导下，交通运输部出台了相关政策文件，明确了交通行业的绿色发展目标，如 2011 年交通运输部印发了《道路运输业“十二五”发展规划纲要》，将“大力发展绿色道路运输，促进行业节能减排”作为“十二五”期间道路运输业的九大重要任务之一。2012 年印发了《公路水路交通运输环境保护“十二五”发展规划》（简称《环保规划》），其在总结“十一五”公路交通取得成绩和面临问题基础上，确定了“十二五”期间公路交通在环保方面的七大重要任务。2016 年，交通运输部又印发《关于实施绿色公路建设的指导意见》，提出到 2020 年，绿色公路建设标准和评估体系基本建立，并建立一批可复制和推广的绿色公路示范工程。同年发布的《交通运输节能环保“十三五”发展规划》提出“到 2020 年适应全面建成小康社会要求的绿色交通运输体系建设取得显著进展”，并规定了详细的绿色发展目标。2017 年发布的《关于全面深入推进绿色交通发展的意见》中明确了绿色交通的总体要求和发展目标，提出到 2020 年初步建成布局科学、生态友好、清洁低碳、集约高效的绿色交通运输体系，绿色交通重点领域建设取得显著进展，同时详细阐述了全面推进实施绿色交通发展七大工程和构建绿色交通发展三大制度保障体系。

总体来看，目前我国已经明确将发展绿色交通，防治交通带来的环境污染作为交通运输行业的发展原则和目标。

4.1.2 我国防治大气污染的城市道路交通政策

在以上绿色交通发展的宏观政策指导下，各部门和各级政府又分别制定更详尽的指导实践的政策措施。根据中共中央提出的发展目标对如何开展绿色交通建设进行部署和安排，首先值得一提的是2013年国务院印发的《大气污染防治行动计划》，其中第三部分专门对城市道路交通的大气污染防治进行了规定和部署，提出如“加强城市交通管理”“提升燃油品质”“加快淘汰黄标车和老旧车辆”“加强机动车环保管理”“大力推广新能源汽车”等政策措施。另外，国务院还确定了大气污染防治十条措施，其中两条措施提到城市道路交通防治，第三条明确提出“大力发展公共交通”，第九条提到如遇到重度污染天气，需“根据污染等级及时采取机动车限行措施”。自此以后关于防治大气污染的行动便在交通运输部门如火如荼地开展。

“十二五”期间，交通运输部实施了63个交通运输环保试点建设项目，确定了26个低碳交通运输体系建设试点城市，先后推出了6批共130个部级节能减排示范项目；组织召开了绿色循环低碳交通运输体系建设试点示范推进会、交通运输行业节能减排降碳工作电视电话会议等专题工作会议，同时积极和其他部委、各级政府加强合作交流；与环境保护部共同签署了《关于促进交通运输绿色发展共同加强环境保护合作备忘录》，联合印发了《关于进一步加强公路水路交通运输规划环境影响评价工作的通知》，与北京、江苏、山东等省市签署了绿色交通发展合作备忘录等；深入开展了“车、船、路、港”千家企业低碳交通运输专项行动，提高企业节能减排主体意识等活动。

2016年《关于实施绿色公路建设的指导意见》中对道路交通的绿色发展做了详细安排：“全面开展绿色出行行动”“深入实施公交优先战略”“加强绿色出行宣传和科普教育”。2017年，交通运输部又印发《推进交通运输生态文明建设实施方案》，其中对于如何发展绿色循环低碳交通进行了详尽部署，如推进“公交都市”建设，鼓励空铁、公铁、空巴等旅客联程运输服务模式，推广应用公共自行车和慢行交通系统等。

另外，针对道路交通行业的环保发展制定了相关行业法规、标准体系和规范等，如研究并修订了《交通运输行业环境保护管理规定》《公路水路交通建设项目环境保护管理办法》等，完善了《交通运输行业环境监测管理办法》和《交通运输行业环境统计管理规则》等，在我国颁布的《环境空气质量标准》（1996年制定，于2000年和2012年进行修订）基础上，制定和公布了《汽车大气污染物排放标准》《摩托车排气污染物排放标准》《营运客车燃料消耗量限值及测量方法》《营运货车燃料消耗量限值及测量方法》等行业标准，详细对道路交通上机动车带来的各种排放物规定了排放限值。严格实行营运车辆燃料消耗量准入制度，制定实施了营运车辆燃料消耗量限值标准，累计发布30余批达标车型。

除了以上政策措施外，交通运输部门还积极探索应用技术进步发展绿色交通，如《公路水路交通“十一五”科技发展规划》（2006年）和《公路水路交通运输“十二五”科技发展规划》（2011年）对于如何借助技术进步发展绿色交通体系进行了说明，如“大力加强节能减排、材料循环利用、生态环境保护等技术与装备的研发应用”，“推进运输装备清洁燃料、替代能源和可再生能源应用技术推广”等。交通运输部还印发《关于进一步深化城际道路运输推广天然气汽车试点工作的意见》，推进天然气汽车应用试点在各地开展。印发《关于加快推进新能源汽车在交通运输行业推广应用的实施意见》，指导各地加快推广新能源汽车在城市公共交通及城市配送等领域的应用。

在以上交通运输部门的政策指导下，各地区结合自身经济、地域等特点，也相应制定了具体防治大气污染的道路交通政策措施，如各地积极部署加快淘汰高排放机动车如黄标及老旧车，部分地方提出诸如停止办理黄标车相关业务，严格实行黄标车辆区域限行等举措。另外，为应对道路交通带来的日益增长的空气污染排放，环境保护部和国家质检总局陆续提高汽车排污标准，2016年联合发布了《轻型汽车污染物排放限值及测量方法（中国第六阶段）》（简称“国六标准”），国六标准相比国五对汽车排放限值要求更加严格，一氧化碳和总碳氢化合物，及非甲烷总烃下降50%，其中的氮氧化物降低了42%。2017年，各地开始实施轻型汽车国五排放标准，目前多地已经开始将国六标准提上日程，如河北省委、省政府制定出台《河北省强化交通运输领域污染防治专项实施方案》提出，2019 年 1 月 1 日实施国家第六阶段轻型汽油车排放标准。山东省发布《山东省打赢蓝天保卫战作战方案暨 2013—2020 年大气污染防治规划三期行动计划（2018—2020 年）》，北京市委、市政府发布《中共北京市委北京市人民政府关于全面加强生态环境保护坚决打好北京市污染防治攻坚战的意见》，其中均提到自 2019 年 7 月起开始实施机动车国六排放标准等。另外各地还积极研究开征汽车环境税政策，并针对高排放机动车和新能源机动车等研究不同的环境税，从而鼓励低排放的新能源机动车的推广和应用。

为缓解能源和环境压力，我国各地还大力推广新能源汽车，包括如天然气汽车、燃料电池车、纯电动汽车、插电式混合动力车等的推广，并采取了相应的支持和鼓励政策，如积极加快充电基础设施的建设，对新能源汽车的购买给予财政补贴（或对生产厂商进行补贴，或直接对消费者进行购买补贴），给予新能源汽车税收政策，对纯电动汽车、插电式混合动力汽车和燃料电池汽车免征车辆购置税等。《大气污染防治行动计划》中还明确要求城市公交、环卫等行业和政府机关要率先使用新能源汽车，据统计显示，北京、上海、广州等城市每年新增或更新的公交车中新能源和清洁燃料车比例达到 60% 以上①。另外，工业和信息化部还表示已经同相关部门一起研究制定我国停止生产销售传统能源汽车的时间表。而目前很多大中型城市采用的燃油机动车的限行和限购政策，虽然主要是缓解城市道路拥堵问题，但同时也对减缓道路交通带来的污染排放起到一定的作用。

各项政策指导文件，均提出要大力发展公共交通，推广自行车和慢行交通等绿色出行。各地政府纷纷制定了“公交优先”的策略，从各方面给予其优先权，如给予公交企业财政补贴和补偿，尤其是大力鼓励绿色公交车，在城市主路上开辟公交车专用道，发放各种类公交爱心卡等。很多城市还积极

① 中华人民共和国生态环境部．中国机动车环境管理年报（2018）［EB/OL］，生态环境部网站，2018.

推广公共自行车项目，设置自行车专用道等，这些政策措施均为减缓道路交通的大气污染带来了积极的正向作用。

总结来看，目前我国防治大气污染的城市道路交通政策主要聚焦于绿色低碳城市交通的发展，政策措施主要从能源和城市道路交通管理入手，能源方面如鼓励技术进步提高燃油品质，积极开发新能源的应用等，城市道路交通管理主要是提高公共交通比例，限制或减少高排放机动车如燃油车比例，积极推广新能源机动车等。

4.2　我国防治大气污染的城市道路交通政策整体效应评估

通过上一节的政策分析发现，目前我国政府对于防治城市道路交通带来的大气污染采取了多种类型的政策措施，本节主要应用政策脱轨效应首先对于这些政策实施的整体效应进行评估，根据第 3 章中提出的政策脱轨效应的评估思路，本节选用了引入滞后期的弹性模型来估计我国 1986—2017 年①为防治大气污染提出的城市道路交通政策实施后的狭义政策脱轨效应，从而评估我国防治大气污染的城市道路交通政策实施的整体效应。

4.2.1　模型构建

根据第 3 章提出的政策脱轨效应计算公式（3－1）$DE = (E^G - \sum E_i) \div E^G \times 100\%$，要评估我国防治大气污染的城市道路交通政策实施后的整体效果是否产生政策脱轨效应，首先需要评估实际污染的减排量和政府预期的排污量，根据相关研究交通污染排放的文献，交通行业带来的有害气体排放量可以通过如下公式进行核算：

$$H_i = F_m \times A_{m,i} \tag{4-1}$$

① 评估之所以从 1986 年开始，一方面是因为我国 20 世纪 80 年代就已经开始了环境保护的相关工作；另一方面由于评估狭义政策脱轨效应使用的是时间序列数据，考虑到数据的可获性以及模型的估计，故选取 1986—2017 年作为整体实施效应的范围进行评估。

其中 H_i 代表交通相关的某 i 种有害气体排放量，F_m 表示交通使用的某 m 种燃料的耗损量，$A_{m,i}$ 表示某 m 种燃料产生某 i 种有害气体的排放因子。

根据第 3 章中提出的政策脱轨效应评估思路，由于本节将所有相关的城市道路交通政策看作一个整体进行评估，政府预期的污染减少量和实际的排污量无法得到精确的度量，因此本书采用第二种评估思路，借助弹性概念对我国 1986—2017 年防治大气污染的城市道路交通政策实施整体效果进行评估。由于在过去 30 年间，道路交通上的燃油车辆主要技术并没有发生根本性变革，交通行业带来的有害气体排放仍旧是在燃料使用过程中产生，有害气体排放量与燃料损耗密切相关。研究假设这些年间主要燃油车辆的单位污染排放因子不发生改变①，由公式（4－1）可知，污染排放量与燃油消耗量成绝对正相关，根据现有对于燃油消费的研究，结合第 3 章提出的政策脱轨效应定义公式（3－1）可知，评估狭义政策脱轨效应可利用如下公式：

$$DE = \eta_E(F) + 1 \tag{4-2}$$

其中 DE 表示政策狭义脱轨效应，F 表示燃油的消费量，E 代表燃油效率，$\eta_E(F)$ 表示燃油消费关于燃油效率的弹性。

为了评估城市道路交通中燃油消耗关于燃油效率的弹性，进一步引入城市道路交通出行需求（由机动车行驶里程 VKM 表征），则关于燃油消耗（F）、机动车行驶里程（VKM）和燃油效率（E）存在如下关系：

$$F = \frac{VKM}{E} \tag{4-3}$$

$$P_{VKM} = \frac{P_F}{E} \tag{4-4}$$

其中 P_F 表示燃料的价格，根据狭义政策脱轨效应的定义可知，城市道路交通中有害气体排放的增多主要是和单位行驶里程的燃油花费（P_{VKM}）有关，因此城市道路交通需求还可进一步表示为

① 由公式（4－1）可知，当假设单位排污因子保持不变时，则当燃油消费量出现回弹时，有害气体排放出现回弹，从而说明环境政策出现脱轨效应。由于研究的时间范围内，我国燃油机动车并未发生重大技术变革，因此假设符合现实，利用弹性评估环境政策的脱轨效应可以等同于评估燃油消耗是否出现回弹。

$$VKM = VKM(P_{VKM}) \tag{4-5}$$

因此公式（4 - 3）可以变形为

$$F = VKM(P_{VKM})/E \tag{4-6}$$

假设燃油效率 E 为外生变量，则燃油消耗量不依赖于燃油效率，因此燃油消耗关于燃油效率的弹性可以有如下表达式：

$$\begin{aligned}
\eta_E(F) &= \frac{\partial(F)}{\partial E} \times \frac{E}{F} = \frac{E}{F} \times \left(-\frac{VKM}{E^2} + \frac{1}{E}\frac{\partial VKM}{\partial P_{VKM}}\frac{\partial P_{VKM}}{\partial E} \right) \\
&= \frac{E}{F} \times \left(-\frac{VKM}{E^2} - \frac{1}{E}\frac{P_F}{E^2}\frac{\partial VKM}{\partial P_{VKM}} \right) \\
&= -\frac{VKM}{EF} - \frac{P_F}{E^2 F}\frac{\partial VKM}{\partial P_{VKM}} \\
&= -1 - \frac{P_{VKM}}{VKM}\frac{\partial VKM}{\partial P_{VKM}} \\
&= -\eta_{P_{VKM}}(VKM) - 1
\end{aligned} \tag{4-7}$$

根据以上推导可以发现，燃油消耗量关于燃油效率的弹性可以进一步转化为城市道路交通的行驶里程需求关于燃料价格的弹性，结合公式（4 - 2）和公式（4 - 7）可知政策的狭义脱轨效应可以由道路交通的行驶里程关于燃料价格的弹性的相反数表示，即

$$DE = -\eta_{P_{VKM}}(VKM) \tag{4-8}$$

基于以上推导和分析，评估政策的狭义脱轨效应可以转化为评估城市道路交通行驶里程关于燃料价格的弹性问题。根据现有研究，我们选择逻辑斯特回归模型来估计城市道路交通行驶里程关于燃料价格的弹性。在现有文献中常常假设燃料价格和微观主体收入是两种决定机动车行驶里程的变量，然而考虑到我国近几十年机动车保有量的飞速增加，一定程度上也会对行驶里程总数起到重要影响，因此本书参考 Odeck 和 Johansen（2016）的研究，选取了燃料价格水平、微观主体收入水平和机动车保有量作为影响机动车行驶里程的主要因素。另外，在估计过程中研究还进一步考虑了机动车行驶里程的滞后影响，在模型中引入滞后期并将所有变量取得对数形式，模型设计如下：

$$lnVKM_t = \lambda_0 + \lambda_Y \ln Y_t + \lambda_P \ln P_t + \lambda_V \ln V_t + \sum_{q=0}^{n} \lambda_{vkm} \ln VKM_{t-q-1} + \varepsilon_t$$

(4－9)

其中 VKM_t 表示第 t 年人均道路交通出行需求，Y_t 代表第 t 年人均实际收入，P_t 表示第 t 年燃料的真实价格，V_t 代表第 t 年的机动车保有量，VKM_{t-q-1} 是指行驶里程的滞后项，参数向量 Λ 是此模型中待估计的参数，最后一项 ε_t 表示残差项。其中需要特别指出的是研究中微观主体实际收入选取了微观主体的可支配收入，城市道路交通需求选取人均道路旅客周转量进行反映。需要说明的是，本节对于我国 1986—2017 年防治大气污染的城市道路交通政策整体实施效果进行评估时，主要选取城市间的道路交通进行评估，对于城市内部的道路交通将在下节进行进一步具体评估。因此在模型（4－9）中主要选取的机动车保有量为城市间的商业机动车，考虑到我国商业机动车主要为公共汽车，以燃烧柴油为主，故而模型中燃料价格选取 0 号柴油的实际价格。

将搜集到的数据代入模型进行估计，最终选取 lnVKM 的二阶滞后进行模型估计，因此最终的道路行驶里程关于燃料价格的弹性模型确定为

$$lnVKM_t = \lambda_0 + \lambda_Y \ln Y_t + \lambda_P \ln P_t + \lambda_V \ln V_t + \lambda_{VKM} \ln VKM_{t-2} + \varepsilon_t$$

(4－10)

模型（4－10）中参数和变量的含义与（4－9）中一致，对此模型进行估计，根据以上分析可知，得到的结果 $-\lambda_P$ 即是中短期狭义政策脱轨效应数值大小，而进一步地，参数 $\lambda_P/(\lambda_{VKM}-1)$ 可以表示长期狭义政策脱轨效应的数值大小。

4.2.2 数据说明

研究选取了我国 1986—2017 年城市间道路交通相关数据，引入滞后期项借助弹性概念对我国防治大气污染的城市道路交通政策的整体实施效果进行评估，通过构建弹性模型对短期和中长期我国的城市道路交通—环境政策实施是否发生政策脱轨效应进行评估。研究中使用的数据均为年度均值，其中使用的宏观数据（如可支配收入、人口数、机动车保有量和道路旅客周转量）

均来自国家统计局，柴油价格分别来自《中国价格年鉴》和《中国价格统计年鉴》。需要特别说明的是，由于模型中变量均选取人均值，故所有变量均除以总年均人口数。各变量的描述统计特征见表 4 - 1。

表 4 - 1　我国 1986—2017 年道路交通中变量的描述统计特征

变量	lnVKM	lnY	lnP	lnV
最小值	2.2656	2.7330	3.0336	4.9571
最大值	3.1348	4.3126	3.9354	6.6426
平均值	2.7032	3.5524	3.4951	5.6985
标准差	0.2558	0.4790	0.2901	0.5849
偏度	-0.01121	-0.1432	0.0843	0.0350
峰值	1.8700	1.9057	1.8197	1.3909
观测值	32	32	32	32

4.2.3　结果与讨论

1. 单位根检验和协整检验

由于评估中使用的是时间序列，因此关于数据的平稳性特征是首先需要考虑的问题。如果时间序列的数据随着时间推进拥有共同的发展趋势，那么即便变量之间不存在任何关系，从计量上也可能会观察到一个明显的相关关系。因此时间序列数据常常会存在伪回归的风险，为了避免这样的情况发生，研究首先应用“迪基—富勒检验”和“菲利普斯—珀森检验”对所有变量进行单位根检验，如果检验的数据序列中存在单位根说明数据是非平稳的时间序列，要进一步对数据进行处理。表 4 - 2 展示了所有变量平稳性检验的具体结果。

表 4 - 2　单位根检验结果（DF 和 PP 检验）

变量	DF 检验	1% 置信度	5% 置信度	10% 置信度
lnVKM	-1.576	-3.730	-2.992	-2.626
lnP	-0.681	-3.730	-2.992	-2.626
lnY	-0.994	-3.730	-2.992	-2.626

续表

变量	DF 检验	1%置信度	5%置信度	10%置信度
$\ln V$	-1.293	-3.730	-2.992	-2.626
$\Delta\ln VKM$	-5.190***	-3.736	-2.994	-2.628
$\Delta\ln P$	-5.545***	-3.736	-2.994	-2.628
$\Delta\ln Y$	-2.800*	-3.736	-2.994	-2.628
$\Delta\ln V$	-4.117***	-3.736	-2.994	-2.628
变量	PP 检验	1%置信度	5%置信度	10%置信度
$\ln VKM$	-1.643	-3.730	-2.992	-2.626
$\ln P$	-0.667	-3.730	-2.992	-2.626
$\ln Y$	-0.791	-3.730	-2.992	-2.626
$\ln V$	-1.376	-3.730	-2.992	-2.626
$\Delta\ln VKM$	-5.193***	-3.736	-2.994	-2.628
$\Delta\ln P$	-5.611***	-3.736	-2.994	-2.628
$\Delta\ln Y$	-2.919*	-3.736	-2.994	-2.628
$\Delta\ln V$	-4.117***	-3.736	-2.994	-2.628

注：检验结果说明所有变量均是一阶协整的 I（1）。其中 *** 表示在 1%置信区间中显著，* 表示结果在 10%置信区间中显著。Δ 代表各变量的一阶差分。

从表 4－2 中检验结果可以看出，所有变量的 DF 检验和 PP 检验在 10%置信区间均不显著，没有通过单位根检验，这说明所有的变量均是非平稳的数据序列。因此研究进一步对所有变量进行一阶差分处理，从而进一步检验数据序列的一阶差分后的数据序列是否平稳，从表中检验数据结果看到，所有变量的一阶差分数据均通过了单位根检验，说明所有变量均是一阶平稳 I（1）。

得到平稳的时间序列数据后，我们进一步需要检验变量之间是否存在长期的均衡关系，即检验平稳的时间序列是否存在协整关系。研究应月 Johansen 协整检验对变量间的长期关系进行检验，结果见表 4－3，表中数据显示 Trace statistic 和 Max statistic 均在 5%显著性下无法拒绝协整关系的假设，因此可以得到人均道路交通里程、人均可支配收入、燃料价格和机动车保有量之间确实存在一个长期稳定的关系。在这样的结论下，我们可以顺利应用弹性模型对政策实施效果的狭义政策脱轨效应进行评估。

表 4－3　Johansen 协整检验结果

Rank	LL	Trace statistic	5% 置信度	Max statistic	5% 置信度
0	192. 45	64. 93	54. 64	36. 37	30. 33
1	210. 64	28. 56	34. 55	16. 23	23. 78
2	218. 75	12. 33	18. 17	7. 95	16. 87
3	224. 92	4. 38	3. 74	4. 38	3. 74

2. 狭义政策脱轨效应评估

在检验了变量间存在协整关系后，研究进一步应用 STATA 软件对模型（4－10）进行估计，结果见表 4－4，可以看到调整后的 R^2 达到 96%，说明模型拟合度很好，模型的参数估计也都在一定的置信区间显著。

表 4－4　引入滞后期的逻辑斯特回归结果

被解释变量 解释变量	$\ln VKM_t$			
	参数	标准误	t 统计量	p 值
$\ln P_t$	0. 4105	0. 1793	2. 29	0. 032**
$\ln Y_t$	0. 6023	0. 2119	2. 84	0. 009***
$\ln V_t$	0. 0644	0. 0248	2. 60	0. 016**
$\ln VKM_{t-2}$	－0. 6690	0. 3462	－1. 93	0. 066*
λ_0	0. 5375	0. 3074	1. 75	0. 094*
调整后 R^2	0. 96			

注：其中 *** 表示在 1% 置信区间中显著，** 表示在 5% 的置信区间显著，* 表示结果在 10% 置信区间中显著。

首先，从估计系数的直接含义来看，交通需求（$\ln VKM$）关于燃料价格，可支配收入和机动车保有量的弹性分别为 0. 4105、0. 6023、0. 0644。其中价格弹性和保有量弹性系数分别在 5% 置信区间显著，可支配收入弹性系数在 1% 置信区间显著。数值代表的含义是当燃料价格提高 10% 时，人均道路交通行驶里程将会增加4.105%，当人均可支配收入增加10%时，人均道路行驶里程将会增加6.023%，而当机动车保有量增加10%时，人均道路行驶里程将会增加0.644%。其中人均可支配收入弹性估计值和现有研究相近，如Zhang等（2015）基于2003年到2012年中国30个省份的交通数据进行研究，得到我国旅客交通需求关于人均GDP的弹性为0.7907。而交通需求关于机动车保有量的弹性相比较另外两个弹性要小，其中一个原因可能是在评估过程中使用的机动车数据是人均商业交通机动车，虽然在过去30多年我国机动车保有量持续增长，但人口的增长速率要远高于机动车保有量的增长速率，因此评估结果的弹性值要小一些。

需要特别注意，本书得到的结论不同于以往的研究，即大部分以往研究得到的燃料价格弹性都是负值，这意味着当燃料价格增长时，交通需求会减少。然而本书得到的燃料价格弹性为正值，这也是合理的，因为研究聚焦于城市道路载客交通，并且使用人均道路载客周转量作为替代变量，模型中使用的是中国1986—2017年的时间序列，中国在过去30多年经历了巨大的发展，燃料价格的增长率要远远小于微观主体交通出行需求，因此从模型的结果来看，当燃料价格增长时，道路交通出行里程仍旧也在增加。

另外，研究重点关注的是城市道路交通政策的实施是否发生了狭义政策脱轨效应，反映在模型上即重点关注系数λ_P，根据模型（4－8）和模型（4－10），从表4－4可知，短期道路交通政策实施后的狭义政策脱轨效应的值为－0.4105，对照表3－1可以得到结论：负值意味着狭义政策脱轨效应不存在，即说明我国1986—2017年防治大气污染的城市道路交通政策的整体实施效果是有效的，而且数值的绝对值大于零，说明政策的实施不仅实现了防治大气污染的预期，实际效果还超出预期目标。

另外，我们还可以进一步估算长期狭义脱轨效应的数值大小，即$\lambda_P/(\lambda_{VKM}-1)=0.4105/(-0.669-1)=-0.246$，负值说明长期来看城市道路交通政策的实施仍旧不会出现狭义政策脱轨效应，然而需要注意的是，长期狭义脱轨效应的绝对值要小于中短期狭义政策脱轨效应，这意味着长期来看污染排放减少量将会逐渐下降，有可能出现政策脱轨效应等于或者大于零的情况，即政策的实施长期来看有可能出现脱轨效应，政策实施无效。

综上所述，本节主要应用狭义政策脱轨效应对我国防治大气污染的城市道路交通政策的整体实施效果进行评估，从评估结果来看，1986—2017 年间我国防治大气污染的城市道路交通政策的整体实施是有效的，然而需要注意的是，长期狭义政策脱轨效应的数值变大，有出现政策无效的风险。

4.3　我国防治大气污染的特定城市道路交通政策效应评估

在上一节我们应用政策脱轨效应对 1986—2017 年我国防治大气污染的城市道路交通政策整体实施效应进行了评估，研究结果发现中短期来看，这些政策的整体实施对防治大气污染起到了减缓的作用，然而长期有失效的风险。由于评估的是城市道路交通政策的整体实施效应，根据第 3 章政策脱轨效应体系的描述，无法清晰分辨政策带来的大气污染减少量，因此上一节我们采用了第二种评估思路，借助弹性概念对 1986—2017 年我国防治大气污染的城市道路交通政策整体实施效应进行评估。然而对于具体的城市道路交通政策，其实施后对于环境质量是否有提升，又应该如何应用政策脱轨效应进行评估？则成为研究关心的另一个重要问题。本节进一步应用政策脱轨效应对我国防治大气污染的特定城市道路交通政策的实施效应进行评估，具体地，研究应用第 3 章提出的政策脱轨效应评估思路进行评估，但又不同于直接应用政策脱轨效应定义，研究巧妙地利用了政策实施的特点，借助准自然实验的思路进行评估。

4.3.1　特定城市道路交通—环境政策描述

近些年，城市大气污染问题已经成为各界广泛关注的问题之一，我国政府的一系列法规措施明确提出了城市道路交通方面如何防止城市大气污染，典型的如 2012 年我国政府颁布了第一个综合性大气污染防治规划《重点区域大气污染防治“十二五”规划》，规划中明确提出要“强化机动车污染防治，有效控制移动源排放”，其中要求大力发展城市公交系统，鼓励选择绿色出行方式等。紧接着2013年9月国务院出台了《大气污染防治行动计划》（简称《大气十条》），这表明了我国政府将空气污染治理纳入优先发展任务，并强化了各项政策措施的实施，行动计划中强调了城市应该增强城市交通管理，并提出公交优先战略，淘汰黄标车和老旧车辆，推广新能源汽车等具体要求。更重要的是，2015年8月《中华人民共和国大气污染防治法》通过修订，其中明确了城市交通的机动车环境管理，这将道路交通的大气污染防治纳入法律框架。为了实现交通部门的大气污染防治目标，交通部门采取了一系列具体措施，并选取了一系列试点项目，本节将选取其中具有代表性的防治大气污染的城市道路交通政策进行具体评估：一方面具体评估特定的城市道路交通政策实施是否实现提升环境质量的目标；另一方面也为政策制定者评估其他相关政策提供思路和评估方案。

本节选取绿色交通试点城市项目作为特定的防治大气污染的城市道路交通政策进行评估，“十二五”期间，交通运输部全面推进节能减排环境保护试点示范项目建设，实施了63个交通运输环保试点建设项目，涵盖交通运输环境监测网络、重大交通基础设施生态建设和保护、高速公路服务区清洁能源与水循环利用等方面。确定了26个低碳交通运输体系建设试点城市，并组织开展了经验总结交流。先后组织开展了江苏、浙江、山东、辽宁4个绿色交通省，北京、厦门等27个绿色交通城市，大连港、青岛港等11个绿色港口，河南三淅高速公路、京港澳高速公路河北段等20条绿色公路，共计62个绿色交通试点项目，逐步形成了一套绿色低碳交通运输区域性和主题性试点管理模式，先后推出6批130个部级节能减排示范项目。

研究选取的绿色交通试点城市项目，主要是交通运输部选取了部分城市进行低碳交通运输体系建设，重点聚焦于加快构建绿色低碳城市交通体系。2011年，交通运输部在天津、重庆、深圳、厦门、杭州、南昌、贵阳、保定、武汉、无锡10个城市开展了低碳交通运输体系建设城市试点，在交通运输结构、能源消耗优化用能结构、交通运输组织、运输装备改进和提升、智能交通发展、出行方式引导和选择6个方面探索低碳交通运输体系建设的规律和途径。2012年又确定北京、昆明、西安、宁波、广州、沈阳、哈尔滨、淮安、烟台、海口、成都、青岛、株洲、蚌埠、十堰、济源 16 个城市为第二批低碳交通运输体系建设城市试点。试点城市将会得到交通运输部的专项资金支持用于构建绿色低碳交通体系，发展节能减排的交通模式。此项试点示范项目于 2016 年 6 月进行验收，包括重庆、杭州、厦门、北京、武汉和无锡在内的 6 个城市验收优秀，并被授予“绿色交通城市”荣誉称号。

4.3.2　模型构建

研究选取特定的防治大气污染的城市道路交通政策“低碳交通运输体系建设城市试点项目”，应用政策脱轨效应评估思路对此项政策措施的实施效果进行定量评估，根据第 3 章提出的政策脱轨效应评估思路，应用定义直接评估，直接的评估思路是比较试点城市在项目实施前后的大气污染排放变化，然后和政策规划的减排目标再进行比较。但是一方面由于我国城市交通在过去 10 年间得到了飞速发展，因此这种单纯比较项目实施前后的变化容易误判；另一方面此项政策制定时并未提出明确的减排目标，针对此类政策该如何应用政策脱轨效应进行评估？从另一个角度思考，若想评估此类政策的具体实施效果，需要知道如果试点城市没有这项政策的情况下大气污染的排放情况，即可以将试点城市和非试点城市进行对比，但由于我国地域辽阔，不同城市间的经济发展水平差异较大，如果简单将试点城市和非试点城市的大气污染排放情况相比较也无法得到可靠的结论。但也正因为如此，政策提供了一个很好的准自然实验，为了解决这个问题并能定量评估出这项绿色道路交通政策的实际效果，研究引入双重差分（DID）模型进行评估。

基于自然实验的差分模型是学术界探究政策有效性的一个广泛使用的工具，发源于自然科学中用于研究因果关系的一种方法，之后其他学科（如心理学、经济学、社会学等）开始利用差分模型的思想解决一些因果问题。周黎安和陈烨（2005）首次利用 DID 模型对中国农村税费改革的政策效果进行系统而严格的实证研究。之后双重差分模型开始广泛应用于研究中国政策的效果问题，其中不乏一些对环境政策的探究。

本书中将被授予“绿色交通城市”荣誉称号的试点城市（重庆、杭州、厦门、北京、武汉和无锡）作为实验组，然而考虑到这些城市的行政级别，进一步确定了同在2011年被确定为试点城市的杭州和武汉作为具体研究的实验城市。考虑到杭州市和武汉市的经济发展和人口规模等情况，本书选取在中国各省会城市中筛选对照组。另外，考虑到地域差异可能会给政策实施效果带来差异，因此研究选取了毗邻这两个城市的其他城市，但并没有在试点项目名录中的城市作为对照城市，最终确定的对照组分别为济南、杭州、合肥、长沙、南京、福州和南宁①。

研究选用了双向固定效应模型进行实证评估，同时选取三种大气污染气体（SO_2、NO_2 和 PM_{10}）作为测量环境质量的指标，基本评估模型设计如下：

$$y_{it} = \alpha + \beta G_i \times D_t + \Lambda X_{it} + u_i + \eta_t + \varepsilon_{it} \tag{4-11}$$

其中 i 代表特定的城市，t 代表特定年份，y_{it} 表示 i 城市在第 t 年的污染物年均浓度，研究选取了3种污染物，分别是二氧化硫（SO_2）、二氧化氮（NO_2）和细颗粒物（PM_{10}）。G_i 是一个虚拟变量，当 i 城市被选为试点城市时，$G_i = 1$；当 i 城市没有被选为试点城市时，$G_i = 0$。同样的，D_t 也是一个虚拟变量，当低碳城市交通体系建设项目开始实施后，即2011年以后 $D_t = 1$，在2011年之前 $D_t = 0$。同时考虑到随着时间的推移，还会有其他因素影响城市交通带来的污染排放，因此模型控制了其他随时间变化并对城市交通污染排放有影响的变量集 X_{it}，包括城市人口（POP）、经济发展水平（GDP）、旅客运输量（PV）、货物运输量（FV），以及公共汽车保有量（BUS）、出租车保有量（TAXI）和民用汽车保有量（CV），并对这些变量取对数形式。除此之外，模型中还考虑了个体固定效应（u_i）和时间效应（η_t），ε_{it} 表示残差项，或称暂时性冲击。而模型中 α、β 和 Λ 是待估参数，根据双重差分模型设定，参数 β 值则表征了介入试点项目后对空气质量所带来的实际影响效果。

需要注意的是，双重差分模型的使用需要满足以下两个条件。

第一，平行趋势假设，即随着时间的推移，实验组的试点城市和对照组的非试点城市的污染物浓度的变化趋势要是一致的。只有满足这样的前提条

① 对照城市的选取是否满足要求，将在第4.3.4节中实证说明。

件，才可以保证对照组的非试点城市可以作为实验组的试点城市的反事实参照。本书中由于我们选取了 2004 年到 2014 年的面板数据，因此研究通过检验在试点项目实施前的若干年两组城市污染物浓度的变化趋势，从而判断其是否满足平行趋势假设。通过检验结果确定此条件在研究中成立（具体结果参见第 4.3.4 节）。

第二，假设条件是要保证双向固定效应为一致估计量，即满足暂时性冲击 ε_{it} 与政策虚拟变量 G_i 和 D_t 不相关。此假设条件在本书中也是成立的，原因如下：由于绿色交通试点城市项目主要由交通运输部发起，某种意义上说是政府强制执行的，而且某一个城市是否会被选择作为试点城市并不取决于城市内部，更多取决于这个城市是否在政府的规划中，从这个角度来看，试点项目的实施可以看作外生的，也就说明与暂时性冲击相互独立。

在以上两个条件满足的前提下，我们就可以应用传统的最小二乘估计法对参数进行估计，但是我们注意到所选取的对照组中的城市大多与实验组的试点城市相毗邻，因此在估计中残差项可能会存在空间相关问题，使得估计结果不准确。因此为了克服这一问题，研究选取了 Block - Bootstrap 方法构造标准误，根据 Bertrand 等（2004）的研究，Block - Bootstrap 方法在处理序列相关问题是最有效的。而由于研究使用的是长序列面板数据，因此研究首先对干扰项 ε_{it} 进行检验，应用 Wald 检验对残差是否存在异方差进行检验，再应用 Wooldridge 检验验证残差是否自相关，最后应用 Breusch - Pagan LM 检验对数据是否存在同期相关进行检验，之后研究利用了迭代可行广义最小二乘法（FGLS）对模型参数进行估计。

实证结果表明二氧化硫浓度的测量模型中时间效应并不显著，而其余两种污染物的估计过程中个体固定效应和时间效应均存在（具体结果见第 4.3.4 节），基于此，研究应用双向固定效应的双重差分模型对我国特定道路交通政策的实施效果进行评估的最终模型构建如下：

$$\ln(\mathrm{SO_2})_{it} = \alpha + \beta G_i \times D_t + \lambda_1 \ln POP_{it} + \lambda_2 \ln \mathrm{GDP}_{it} + \lambda_3 \ln PV_{it} + \lambda_4 \ln FV_{it} + \lambda_5 \ln \mathrm{BUS}_{it} + \lambda_6 \ln \mathrm{TAXI}_{it} + \lambda_7 \ln CV_{it} + u_i + \varepsilon_{it} \quad (4-12)$$

$$\ln(NO_2)_{it} = \alpha + \beta G_i \times D_t + \lambda_1 \ln POP_{it} + \lambda_2 \ln GDP_{it} + \lambda_3 \ln PV_{it} + \lambda_4 \ln FV_{it} + \lambda_5 \ln BUS_{it} + \lambda_6 \ln TAXI_{it} + \lambda_7 \ln CV_{it} + u_i + \eta_t + \varepsilon_{it} \quad (4-13)$$

$$\ln(PM_{10})_{it} = \alpha + \beta G_i \times D_t + \lambda_1 \ln POP_{it} + \lambda_2 \ln GDP_{it} + \lambda_3 \ln PV_{it} + \lambda_4 \ln FV_{it} + \lambda_5 \ln BUS_{it} + \lambda_6 \ln TAXI_{it} + \lambda_7 \ln CV_{it} + u_i + \eta_t + \varepsilon_{it} \quad (4-14)$$

其中$(SO_2)_{it}$、$(NO_2)_{it}$和$(PM_{10})_{it}$分别表示 i 城市在第 t 年中的二氧化硫、二氧化氮和细颗粒物的年均浓度值，其他变量与模型（4－11）中含义一致。

4.3.3 数据说明

模型中城市的污染数据主要使用年平均污染物浓度，数据主要来源于《中国环境统计年鉴（2005—2015）》，其他控制变量诸如人口、GDP、旅客运输量和货物运输量均来自国家统计局，公共汽车和出租车的数据主要来自《中国城市统计年鉴（2005—2015）》，民用汽车数据主要从《中国区域经济统计年鉴（2005—2015）》中获取，表4－5分别对实验组和对照组的统计数据进行了简要的统计描述。

表4－5 中国2004—2014城市交通数据统计描述

变量＼分组	实验组				对照组			
	均值	标准差	最小值	最大值	均值	标准差	最小值	最大值
$\ln SO_2$	3.7307	0.3173	3.0445	4.1109	3.5289	0.6111	2.0794	4.5539
$\ln NO_2$	3.9916	0.0573	3.8918	4.0943	3.6465	0.2757	2.8332	4.1109
$\ln PM_{10}$	4.6831	0.0975	4.4998	4.8675	4.5773	0.2775	3.9120	5.2933
lnPOP	6.6191	0.0973	6.4795	6.7295	6.4713	0.1480	6.0973	6.9777
lnGDP	8.4836	0.5019	7.5786	9.2173	7.9306	0.6426	6.3782	9.0849
ln *PV*	10.1104	0.2846	9.4639	10.5026	9.645	0.5532	8.3525	10.8113
ln *FV*	102213	0.3147	9.7436	10.7899	9.7686	0.4885	8.6599	10.6500
ln *BUS*	8.7939	0.2045	8.3393	9.0660	8.1736	0.3653	7.4472	9.0038
lnTAXI	9.3364	0.2284	9.0105	9.7170	8.8889	0.3473	8.1194	9.474
ln *CV*	13.6617	0.5834	12.8206	14.457	13.1465	0.7443	11.5870	14.6142

注：表中SO_2、NO_2和PM_{10}分别为每个城市的年均污染物浓度；POP、GDP、*PV*和*FV*分别代表不同城市人口数、国内生产总值、旅客和货物运输量；BUS、TAXI和*CV*表示每一个城市公共汽车、出租车和民用汽车的数量。

从数据的描述统计中可以看到，实验组中每一种污染物的平均浓度均比对照组的浓度高，而且实验组的城市人口、GDP、交通工具的数量相比对照组也都偏高。因此，我们进一步直观比较了实验组和对照组的城市在项目实施前（2004—2010 年）和项目实施后（2011—2014 年）不同污染物的浓度变化（见表 4 -6）。

表 4 -6　不同污染物在项目实施前后的平均浓度变化

分组 / 污染物	实验组				对照组			
	项目实施前	项目实施后	差分	改变百分比（%）	项目实施前	项目实施后	差分	改变百分比（%）
SO_2	50.57	31.38	-19.19	-37.95	43.78	33.36	-10.42	-23.80
NO_2	54.36	54.00	-0.36	-0.66	38.10	42.54	4.44	11.65
PM_{10}	111.71	103.12	-8.59	-7.69	98.96	104.71	5.75	5.81

注：表中 SO_2、NO_2 和 PM_{10} 分别为每个城市的年均污染物浓度，单位为 $\mu g/m^3$。

表 4 -6 中数据直观显示，对照组没有实施低碳城市交通体系建设项目，NO_2 和 PM_{10} 的平均浓度在项目实施后的 4 年中（2011—2014 年）比项目实施前（2004—2010 年）的平均浓度增加，另外尽管对照组的 SO_2 平均浓度在项目实施前后有所下降（下降 23.80%），但相比实验组的下降比例（37.95%）要小。这些直观的比较结果在一定程度上反映了项目实施的效果，但是这样的简单比较无法准确反映项目实施带来的具体效果，需要进一步利用实证模型做精细的评估。

4.3.4　结果与讨论

为了评估我国防治大气污染的特定城市道路交通政策——绿色城市交通试点项目实施后对城市环境质量的影响，研究应用政策脱轨效应的评估思路，借助双重差分思想构建模型进行实证分析。首先，需要对实验组的试点城市和对照组的非试点城市是否满足平行趋势假设进行验证，研究采用了时间趋势图法，图 4 -1 展示了在试点项目没有运行之前的一段时间，试点城市和非试点

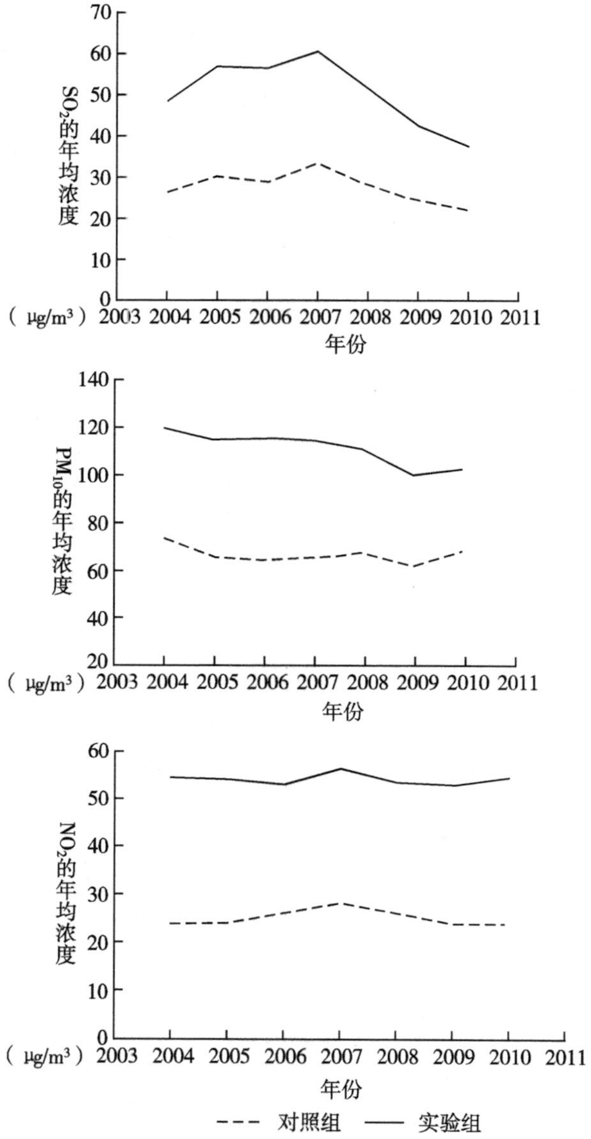

图 4-1　2004—2010 年试点城市和非试点城市的年均污染物浓度

城市的各种污染气体排放情况（SO_2、NO_2 和 PM_{10}），图中实线代表了试点城市三种污染物的变化情况，虚线表示非试点城市的污染气体排放情况，从图中可以看出两组城市不同污染物排放随着时间的推移排放趋势保持稳定一致。

另外，由于研究使用的是长面板数据，因此在评估参数之前先对数据是否存在异方差、自相关和同期相关性进行检验。不同的检验结果见表 4 -7，由表中数据可以得出，模型（4 -12）~模型（4 -14）均存在异方差和自相关，且在 5% 或更低的显著水平下显著。

表 4 -7　异质性和自相关性的检验结果

模型 \ 检验方法	异质性检验[a]	自相关检验[b]	同期相关检验[c]
SO_2模型	35. 17***	15. 939***	81. 158***
NO_2模型	321. 91***	14. 111***	45. 947**
PM_{10}模型	45. 8***	21. 491***	53. 309**

注：表中 a 使用修正的 Wald 检验；b 使用 Wooldridge 检验；c 使用 Breusch – Pagan LM 检验。
，* 分别表示检验结果在 5% 和 1% 的置信区间内显著。

以上检验均满足的情况下，研究进一步应用迭代可行广义最小二乘法（FGLS）对模型参数进行估计。表 4 -8 展示了模型估计结果和应用 Block – Bootstrap 方法构造的标准误。其中被解释变量分别为不同城市三种污染气体的年均浓度的对数形式，主要的变量 G_i 和 D_t 为虚拟变量，如果城市是试点城市且时间在 2011 年及以后，则虚拟变量取值为 1，其余解释变量为控制变量。

表 4 -8　双向固定效应的双重差分模型估计结果

变量	$\ln SO_2$	$\ln NO_2$	$\ln PM_{10}$
$G_i \times D_t$	-0. 107** (0. 0494)	-0. 1126*** (0. 0196)	-0. 0985*** (0. 0167)
lnPOP	0. 7094*** (0. 0625)	0. 5468*** (0. 996)	0. 6537*** (0. 0719)
lnGDP	0. 2161*** (0. 0476)	0. 4617*** (0. 0449)	-0. 3392*** (0. 0198)
ln *PV*	0. 0212 (0. 0173)	-0. 0641*** (0. 0102)	-0. 1059*** (0. 0134)
ln *FV*	-0. 1441*** (0. 0503)	-0. 2041*** (0. 0278)	-0. 0006 (0. 0110)

续表

变量	$\ln SO_2$	$\ln NO_2$	$\ln PM_{10}$
lnBUS	-0.2313*** (0.0542)	-0.3829*** (0.0392)	-0.4811*** (0.0475)
lnTAXI	-1.0759*** (0.0614)	-0.5112*** (0.0501)	0.0170 (0.0263)
ln *CV*	-0.2121*** (0.0403)	-0.1959*** (0.0131)	0.0623*** (0.0137)
常数项	13.3363*** (0.7675)	9.7801*** (0.7192)	7.2017*** (0.5274)
固定效应	存在	存在	存在
时间效应	不存在	存在	存在

注：表中评估结果来自2011年的9个城市，括号中的数据代表应用Block-Bootstrap方法得到的标准误，其中以城市为一模块。**，***分别表示检验结果在5%和1%的置信区间内显著。

从表4-8中数据可以发现，控制变量中人口变量和经济发展水平变量（GDP）的增长均会使得城市中SO_2和NO_2的浓度上升，这是符合现实情况的。随着城市人口数量的不断增长以及城市经济水平不断发展，道路交通出行需求得到一个快速增加，这也会引起城市机动车保有量的飞速增长。根据国家统计局发布的数据，我国旅客周转量在2005—2014年的10年间增加近1.8倍（2005年我国旅客周转量为17466.7亿pkm，到2014年已经增长到30097.4亿pkm），这无疑会增加大量污染气体排放。另外，模型结果还显示，随着公共汽车、出租车和民用汽车的增长，城市污染物浓度在降低，这可能是由于我国政府这些年在城市发展过程中大力鼓励清洁、绿色交通，如机动车的燃油经济性标准在最近修改的版本中得到进一步强制性限制，国家还大力鼓励和发展新能源机动车的研发和推广，我国很多城市的公共交通已经替换为新能源汽车或混合动力汽车，这些政策都会使得我国城市道路交通更有效率，也更加清洁。

另外，研究更关注的是绿色城市交通体系建设项目对试点城市的空气质量的影响，从模型结果来看，此试点项目和试点城市的大气污染物浓度呈现高度统计相关性。评估结果显示试点项目的实施使得试点城市三种大气污染物的浓度均有所下降，当试点项目实施后试点城市中的 SO_2 年均浓度下降了 10.71%（统计意义上在 5% 置信区间结果显著），NO_2 的年均浓度下降了 11.26%（在 1% 置信区间内结果显著），PM_{10} 的年均浓度下降 9.85%（1% 显著水平下显著）。这些结果证实了绿色道路交通试点项目对试点城市的空气质量起到了重要的正向影响，试点项目的实施会减少试点城市的大气污染物排放，如 SO_2、NO_2 和 PM_{10}。

综上所述，本节主要应用政策脱轨效应的评估思路，选取了我国实施的某一类特定的防治大气污染的城市道路交通政策进行评估，研究选取了交通运输部实施的“绿色交通试点城市项目”作为代表性特定政策，从评估结果来看，此类政策的实施有效改善了试点城市的空气质量，减少了城市道路交通的主要污染物排放，政策的实施是有效的。

4.4　本章小结

日益增长的城市交通需求带来的严重空气污染已经成为各界广泛关注的问题，我国政府为了减缓和解决城市空气污染问题，从中央到地方积极制定了各项城市道路交通绿色发展的规划和措施，本章首先对于我国防治大气污染的城市道路交通政策进行了分析，总结发现目前我国已经将城市道路交通的绿色发展提高到国家战略发展的高度，各级政府、各个部门和行业积极在此战略规划下采取了系列城市道路交通绿色发展的具体措施和行动。在此背景下，城市道路交通的绿色发展政策的实施效果便成为政府和学界关心的重要问题，本章应用第 3 章提出的政策脱轨效应理论体系对我国防治大气污染的城市道路交通政策的实施效应进行了评估，研究首先应用政策脱轨效应的评估思路对我国 1986—2017 年防治大气污染所采取的城市道路交通政策实施的整体效应进行评估，研究发现这些政策的整体实施效应是有效的，对空气质量提升起到积极正向作用，但需要注意的是，从长期来看，估计出的狭义政策脱轨效应数值变大，这说明长期政策有失效的风险。研究进一步选取了特定的城市道路交通绿色发展政策，应用政策脱轨效应的评估思路进行了定量评估，研究结果表明我国防治大气污染的特定城市道路交通政策的实施也是有效的，对试点城市的空气质量提升起到积极正向的作用。本章的实证研究一方面是对提出的政策脱轨效应理论体系的实际应用；另一方面也为政策制定者评估其他相关政策提供参考和评估方案。

虽然通过本章的实证分析发现目前我国防治大气污染的城市道路交通政策整体效应和特定政策的特定效应均是有效的，但诚如第 3 章提出的环境政策的实施是一个复杂的过程，涉及多方主体的共同参与，因此深入探讨不同主体对于不同的城市道路交通政策的反应和行为将会如何影响政策的实施效果显得很有必要。

第5章

基于微观主体的道路交通——环境政策效应模拟仿真

在上一章中我们应用政策脱轨效应的体系和思想对我国防治大气污染的城市道路交通政策整体的实施效应进行评估，进一步选取了涵盖面较广的“绿色交通试点城市项目”作为代表性的防治大气污染城市道路交通政策，应用政策脱轨效应对其实施效果进行了评估，从评估结果来看，无论从整体效应还是特定政策的实施效果，目前我国防治大气污染的城市道路交通政策均对空气环境质量的提升起到一定的作用。然而，需要注意到现实中一些城市道路交通政策（如征收环境税，一些城市对燃油机动车采取了限行和限购的政策）虽然一定程度上减缓了城市道路交通带来的大气污染排放，但同时也限制了微观主体如企业和居民的交通需求，甚至在一定程度上影响了经济的发展。而第3章在对政策脱轨效应的产生原因进行阐述分析时，我们提到一些政策的实施无法实现其预期目标，重要的原因之一是环境问题涉及的主体相对复杂，不同主体由于自身利益目标不同，对于同样的政策可能会有不同的态度和不一样的行为决策，微观主体的不同行为反应将会很大程度上影响城市道路交通政策的实施效应。

因此，评估防治大气污染的城市道路交通政策实施效应，同时要在不影响经济发展和交通需求的前提下，实现城市道路交通的绿色发展，研究微观主体在其中的作用和影响显得非常重要且有意义。本章主要聚焦于微观主体（居民和企业），首先通过理论建模分析微观主体的环保意识对于环境政策实施效应的影响，在此基础上，分别从居民和企业两类主要微观主体角度进行模拟仿真，从而探析微观主体的行为决策对于我国城市道路交通—环境政策实施带来的影响。

5.1　基于微观主体环保意识的道路交通——环境政策效应理论探析

通过第 4 章对我国防治大气污染的城市道路交通政策分析可以发现，目前政府主要采取两类政策进行规制和引导。一种是以“命令控制型”（如征收环境税、限制燃油经济性、限行限购等）为主，这些政策虽然一定程度上可以减少污染排放，但“命令控制型”环境政策主要以政府干预为主，限制了微观主体的消费和交通需求，一定程度上影响了交通产业的发展，进而对经济发展有所影响，引起理论界广泛争议。如征收环境税是政府常用的一种治污手段，然而目前关于环境税是否能够实现环境改善和经济增长的双重红利存在很多争议，研究显示长期来看，环境税会使得产业部门效率降低，且在一定程度上出现治理效果的退化。

与此相对，基于“市场引导型”的鼓励政策（如发展和推广新能源汽车，鼓励绿色出行等）成为另一种城市道路交通常用的环境保护手段，然而在实践过程中困难重重，如技术的制约，不同主体对于环境保护的认知不同等，都制约了鼓励型政策在实际应用中的作用。

研究表明两类政策均可以在一定程度上实现减少污染排放的目标，然而也都有各自的弊端：以政府强制为主的“命令控制型”政策虽然一定程度上在短期对空气质量有正向影响，但是以牺牲微观主体交通需求为代价；而以鼓励型为主的政策会由于微观主体不同的主观认知，影响政策的实际效果。总的来说，无论哪类政策，微观主体的反应和行为决策将会对政策实施的效果带来重要且深远影响。因此，探究微观主体对于城市道路交通——环境政策的影响显得至关重要。

本节首先从福利比较的视角，通过理论推导分析微观主体在此过程中起到的作用，进一步对比以政府强制为主的“命令控制型”政策在环境保护过程中带来的影响，为后面探究在不影响微观主体道路交通需求前提下，未来我国城市道路交通的绿色发展方向提供参考和理论依据。

5.1.1 理论框架构建和情景设置

计划行为理论认为绿色消费态度决定消费行为，提高消费者环保意识可以有效提高绿色消费行为。因此，为表征微观主体的主观能动性，研究引入微观主体环保意识①，提高微观主体的环保意识，可以使得微观主体的消费偏好和出行行为发生变化，从而改变市场均衡时的状态，市场均衡状态的改变会进而影响市场中参与者的排污行为，从而实现减污的目标，基于此研究构建了寡占市场下的理论框架。

假设市场中存在两个寡占交通厂商（厂商 1 和厂商 2），分别生产有差别的产品（假设生产燃油机车和新能源机车）i（$i=1$，2）。参考 Singh 和 Vives（1984），以及 Wang 和 Wang（2009）的研究，此时市场中代表性消费者的效用 U 可以表述为

$$U(q_1,q_2) = \alpha(q_1 + q_2) - \frac{1}{2}(q_1^2 + 2\gamma q_1 q_2 + q_2^2) \tag{5-1}$$

其中 q_i 表示厂商生产 i 产品的产量，$\gamma \in [0,1]$ 表征了两种有差异的产品之间的替代关系，当 $\gamma = 0$ 表示两种产品相互独立，当 $\gamma \to 1$ 表示两种产品趋近完全替代。

由于市场上的两种产品是可替代的，进一步假设厂商的固定生产成本均为 F，参考相关研究，寡占市场中厂商的边际成本呈线性增长，因此厂商的生产成本表述为

$$C(q_i) = F + q_i^2, i = 1,2 \tag{5-2}$$

厂商在生产过程中会产生污染，污染会给环境带来损害，假设每个厂商将会产生 e_i 单位的污染物，已有研究表明，由于污染带来的环境损失函数为污染量的凸函数，假设由于污染量 e_i 带来的环境损失为

$$ED = \frac{1}{2}(\sum_{i=1}^{2} e_i)^2, i = 1,2 \tag{5-3}$$

① 在此处，微观主体表示城市道路交通的消费者，是个广义的概念，不仅包括普通民众，还包括企业，企业从另一个角度也可以看成交通行业中的消费者。

在环境保护的政策下，厂商会选择进行减污，假设其选择将污染减少 d_i 单位，此时为了减少 d_i 单位的排污厂商将会额外花费成本 $d_i^2/2$ ，实际厂商的污染排放量为 $e_i = q_i - d_i$ 。

政府无论采取何种城市道路交通政策措施（限制性或鼓励性）进行环境保护，最终的目的都是希望消费者和生产者在生产和使用城市道路交通时减少污染排放。因此，环境质量的改变取决于政府、生产者和消费者三者之间的博弈。为了研究提升消费者环保意识所带来的环境和经济影响，研究首先设计了两种情景：

情景 1：此种情景下，没有任何政策措施来限制或鼓励减缓城市道路交通带来的污染排放，此时厂商根据其利润最大化来决定其生产和排放，研究将此种情景作为基准情景；

情景 2：此种情景下，为极大发挥微观主体的主观能动性，将微观主体环保意识引入模型，提高微观主体的环保意识将会改变微观主体的消费偏好和消费行为（如汽车厂商会加快研发提高燃油经济性，居民会选择绿色出行等），从而改变市场的均衡条件，迫使厂商对其生产行为进行调整，从而实现利润最大化。

通过引入微观主体环保意识的理论分析，和不采取任何措施时进行对比，可以探究其实际影响。进一步，研究还设计了第三种情景：

情景 3：此种情景下，政府采取规制性措施来改善城市道路交通的环境质量，研究选取了常用的环境税作为政府管制的代表性政策进行讨论。

通过比较这三种情景，可以探究出提升微观主体环保意识和限制型政策的差别，为进一步探究合理的城市道路交通绿色发展提供理论参考。

5.1.2　理论推导和情景分析

基于寡占市场的模型假设，本节具体分析不同情景下污染排放的变动情况，同时为了更好地比较发挥微观主体主观能动性和强制性政策带来的环境及社会经济影响，研究进一步分析了不同情景下社会福利和社会净福利的变化情况。

情景1（基准情景）：没有任何政策措施减缓交通排放

此种情景下，政府没有采取措施约束城市道路交通带来的空气污染排放，此时是一种自然状态，市场是由生产者决定的传统双寡占市场，企业利润最大化是厂商追求的唯一目标，此时厂商根据以下目标函数决策其生产：

$$\max.\ \pi_i = p_i q_i - C(q_i) - \frac{1}{2}d_i^2 \tag{5-4}$$

其中 π_i、p_i 分别表示厂商的利润和商品 i 的价格。根据消费者效用函数公式（5-1），可推导得反需求函数的形式如下：

$$p_i = \alpha - q_i - \gamma q_j, i,j = 1,2, i \neq j \tag{5-5}$$

联立公式（5-4）和公式（5-5），并对 q_i 求一阶微分，即可得厂商的最优产量选择：

$$\frac{\partial \pi_i}{\partial q_i} = \alpha - 4q_i - \gamma q_j = 0, i,j = 1,2, i \neq j \tag{5-6}$$

根据以上等式，可知此种情景下，厂商没有任何动力增加成本以减少污染排放，因此 $d_i = 0$，两个厂商选择的最优产量和排放量①为

$$q_1 = q_2 = \frac{\alpha}{4+\gamma} \tag{5-7}$$

为了能量化比较政府规制和微观主体发挥主观能动性对社会经济的影响，研究进一步讨论了不同情景下社会福利和社会净福利的变动情况。在此情景中，社会福利 $W = CS + PS$，即消费者剩余（CS）和生产者剩余（PS）的加总，而社会净福利（NW）需在社会福利基础上减去由于污染带来的环境损失。

$$W = CS + PS = U(q_1, q_2) - \sum_{i=1}^{2} p_i q_i + \sum_{i=1}^{2} \pi_i \tag{5-8}$$

$$NW = CS + PS - ED = U(q_1, q_2) - \sum_{i=1}^{2} p_i q_i + \sum_{i=1}^{2} \pi_i - \frac{1}{2}\left(\sum_{i=1}^{2} e_i\right)^2 \tag{5-9}$$

---

① 一般形式，排污量 = 产量 * 排放因子，不失一般性，本书假设各厂商的污染排放因子为1，因此排污量和产量相等。

将所得（5－7）代入以上两式，可得如下结果：

结果 1：当没有任何政策和措施约束城市道路交通带来的污染排放情景下，在双寡头垄断市场中达到均衡时，企业实际排污量、减少的排污量，以及社会福利和社会净福利分别为

$$e_1 = e_2 = \frac{\alpha}{4+\gamma},\ d_1 = d_2 = 0,\ W = \frac{\gamma+5}{(\gamma+4)^2}\alpha^2,\ NW = \frac{\gamma+3}{(\gamma+4)^2}\alpha^2$$

情景 2：引入微观主体环保意识

防治和减缓城市道路交通的污染排放问题，无论政府采取管制的手段还是鼓励的措施，微观主体的主观反应都将会对政策实施结果产生重要影响。因此，研究将微观主体环保意识引入消费者效用，通过改变微观主体的消费偏好和消费行为，从而达到市场调节厂商改变其排放行为的目的。

此情境中，微观主体对于环境污染问题越来越重视，更愿意参与治理和减缓环境污染的行动，随着微观主体环境保护意识的提高，他们会主动改变其消费偏好和消费行为，如出行时更愿意选择绿色出行方式，主观上愿意少开燃油汽车出行，更关注交通企业在生产过程中的排放行为等。这样的改变将会对厂商的决策产生重要影响，从而影响市场的最终均衡。

基于以上分析，研究引入参数 A 衡量微观主体的环保意识，表示微观主体对于环境污染带来损害的价值估计。此时市场中代表性消费者的效用函数发生变化：

$$U^A(q_1,q_2) = \alpha(q_1+q_2) - \frac{1}{2}(q_1^2 + 2\gamma q_1 q_2 + q_2^2) - \frac{1}{2}(\sum_{i=1}^{2} e_i)^2 A \quad (5-10)$$

因此，均衡市场中需求函数也将不同于公式（5－5），发生改变：

$$p_i^A = \alpha - (A+1)q_i - (\gamma+A)q_j + A(d_1+d_2),\ i,j=1,2,\ i\neq j \quad (5-11)$$

此时市场达到均衡过程中，主要涉及生产者和消费者两个主体的两阶段博弈，研究采用后向归纳法进行分析。厂商仍旧以最大化其利润为决策目标：$\max.\ \pi_i^A = p_i q_i - C(q_i) - 1/2d_i^2$，联立以上方程可知此时厂商将会选择的产出

水平 q_i^A 和减少的排污水平 d_i^A 分别为

$$q_1^A = q_2^A = \frac{\alpha + A\ (d_1 + d_2)}{4 + \gamma + 3A} \tag{5-12}$$

$$d_i^A = Aq_i^A \tag{5-13}$$

进一步地，将等式（5－13）代入（5－12）可获得

$$q_1^A = q_2^A = \frac{\alpha}{4 + \gamma + A\ (3 - 2A)} \tag{5-14}$$

由于 α 为常数，$\gamma \in [0,1]$，为了保证产出水平均是大于零，因此微观主体环保意识参数满足 $A \in [0,2.5]$。同时还需注意，模型假设厂商的实际排污量 $e_i = q_i - d_i$，为保证其实际排污量不小于零，联立等式（5－13），可知微观主体环保意识参数 $A \in [0,1]$。由此参数 A 可以理解为微观主体对于环境污染问题的重视程度，当 A 趋近于 1 时表示微观主体非常重视环境保护，已内化为自身的行为准则①。

同样地，进一步将所得代入社会福利函数和社会净福利函数，可得如下结果：

结果 2：考虑市场的调节作用在环境保护中的影响时，引入微观主体环境保护意识，不断提高的环保意识将会影响微观主体的选择偏好，改变其消费行为，从而影响最终市场均衡，使得厂商减少其污染排放。此情景下在双寡头垄断市场中达到均衡时，企业实际排污量、减少的排污量，以及社会福利和社会净福利分别为

$$e_1^A = e_2^A = \frac{(1 - A)\ \alpha}{4 + \gamma + A\ (3 - 2A)},\quad d_1^A = d_2^A = \frac{A\alpha}{4 + \gamma + A\ (3 - 2A)},$$

$$W^A = \frac{(-2A^3 - A^2 + 4A + \gamma + 5)\ \alpha^2}{[4 + \gamma + A\ (3 - 2A)]^2},\quad NW^A = \frac{(-2A^3 - 3A^2 + 8A + \gamma + 3)\ \alpha^2}{[4 + \gamma + A\ (3 - 2A)]^2}$$

情景 3（强制性政策）：征收环境税

为了控制和减少城市道路交通带来的污染气体排放，各级政府积极采取

---

① 从环境保护的角度来看，微观主体的环保意识越高越好，即 A 无限趋近于 1 最好，但是由于微观主体的决策目标是最大化其效用，因此将所得代入等式（5－10），可知最优的 A 取值，由于本节重点是讨论提升微观主体环保意识在道路交通中对环境保护的影响，因此对最优 A 取值不做具体阐述和分析。

相关的政策措施。环境税是目前学术界和实践中常被讨论和使用的一种政策，体现在城市道路交通中典型的有征收机动车环境税。在此过程中，主要涉及政府和生产者两个主体的博弈：首先，政府以最大化社会净福利为目标，选取一个适当的环境税率；其次，厂商在被征收环境税的基础上，决定其产量和减少的排污量，以最大化企业利润。研究采用后向归纳法分析此时的子博弈纳什均衡。

假设政府向厂商征收环境税率 $t>0$，此时每个厂商的企业利润为

$$\pi_i^t = p_i q_i - C(q_i) - te_i - \frac{1}{2}d_i^2 \tag{5-15}$$

厂商以最大化其利润为决策目标，从而选择产出水平 q_i^t 以及减少污染排放水平 d_i^t：

$$q_1^t = q_2^t = \frac{\alpha - t}{4+\gamma} \tag{5-16}$$

$$d_1^t = d_2^t = t \tag{5-17}$$

比较等式（5－7）和等式（5－16），不难发现 $q_1^t < q_1$，这说明当政府对企业征收环境税时，在双寡占市场中厂商将会选择降低其产量以保证企业利润最大化。而等式（5－17）则说明此种情景下，每个厂商都会选择当边际减污成本等于税率时减少的排污水平，此结果和前人研究结果一致。

此种情景下，社会福利和社会净福利变动为 $W^t = CS + PS + \sum_{i=1}^{2} te_i$，$\mathrm{N}W^t = CS + PS + \sum te_i - ED$，将所得等式（5－16）和等式（5－17）代入，可得此时的社会福利和社会净福利分别为

$$W^t = \frac{1}{(\gamma+4)^2}\left[(-\gamma^2 - 9\gamma - 19)t^2 - 2\alpha t + (\gamma+5)\alpha^2\right] \tag{5-18}$$

$$NW^t = \frac{1}{(\gamma+4)^2}\left[(-3\gamma^2 - 29\gamma - 69)t^2 + 2(2\gamma+9)\alpha t + (\gamma+3)\alpha^2\right] \tag{5-19}$$

由等式（5－18）可知，当政府征收了环境税以后，在双头寡占市场中将会损失经济效率。而通过最大化社会净福利可以得到最优的环境税率 $t^* =$

$\alpha(2\gamma+9)/(3\gamma^2+29\gamma+69)$，此时企业选择的最优产量分别为 $q_1^{t*}=q_2^{t*}=3\alpha(\gamma+5)/(3\gamma^2+29\gamma+69)$，最大的社会净福利为 $NW^{t*}=3(\gamma+6)\alpha^2/(3\gamma^2+29\gamma+69)$。

通过以上分析，可知当政府采取命令控制型环境政策（征收环境税）来减少城市道路交通的污染排放时，寡占厂商将会选择不同的产出和排污水平以应对，此时社会福利和社会净福利也将随之发生变动。

结果3：当政府引入环境税以减缓城市道路交通环境污染时，在双寡头垄断市场中达到均衡时，企业实际排污量，减少的排污量，以及社会福利和社会净福利分别为

$$e_1^t=e_2^t=\frac{\alpha-(5+\gamma)t}{4+\gamma},\quad d_1^t=d_2^t=t,$$

$$W^t=\frac{1}{(\gamma+4)^2}\left[(-\gamma^2-9\gamma-19)t^2-2\alpha t+(\gamma+5)\alpha^2\right]$$

$$NW^t=\frac{1}{(\gamma+4)^2}\left[(-3\gamma^2-29\gamma-69)t^2+2(2\gamma+9)\alpha t+(\gamma+3)\alpha^2\right]$$

5.1.3 理论结果与讨论

通过以上的理论推导，研究分析了三种不同情景下环境污染排放的变化，以及带来的社会福利和社会净福利的变动。此部分内容聚焦于将三种情景下的结果进行对比分析，从而探究提升微观主体环保意识在城市道路交通中对环境的影响，以及其与政府强制性管制政策的差异。

结论1：在双寡占市场中，提高微观主体环保意识和征收环境税，均会使得污染排放减少，当市场均衡时，厂商都会选择降低其产出水平以应对环境规制①，当且仅当环境税率与微观主体环保意识满足 $(\alpha-t)/(4+\gamma)=\alpha/[4+\gamma+A(3-2A)]$ 时，两种情景下市场中商品产量相等。

首先，对比三种情景下当市场达到均衡时的商品产出，不难发现当提高

① 由于研究的理论推导和分析是基于厂商抉择产出以达到古诺均衡，因此当采取环境措施时，厂商会调整其产出水平，也是容易理解的。

微观主体环保意识或征收环境税时，生产者均选择降低其产量以应对环境规制（$q_i^t < q_i, q_i^A < q_i$）。因此在排放因子不变的情况下，两种情景和基准情景比较均会使得环境污染排放减少（$e_i^t < e_i, e_i^A < e_i$）。

结论 2：当双寡占市场达到均衡时，提高微观主体环保意识同样可以对环境产生诸如命令控制型环境政策（比如征收环境税）一样的效果，降低污染排放，而且当微观主体环保意识参数与环境税率满足 $t = A\alpha/[4 + \gamma + A(3 - 2A)]$ 时，企业选择降低的减污水平相等；当环境税率和微观主体环保意识间满足关系：$t = A\alpha(7 + \gamma - 2A)/\{(5 + \gamma)[4 + \gamma + A(3 - 2A)]\}$，此时总的污染排放量相等，且相比基准情景，污染排放将会减少 $(5 + \gamma)t/(4 + \gamma)$。

理论推导的结果表明提高微观主体环保意识可以实现改善环境质量，促使企业采取措施降低污染排放的目的，而且可以达到类似采取命令控制手段，如征收环境税一样的效果，且微观主体环保意识参数和环境税率之间存在一定的数量关系，使得企业选择降低的污染排放水平相等，或使得总的污染排放水平相等。而一些学者的研究表明政府采取强制性手段会加重企业治污成本负担，影响企业竞争力，进而对相关产业乃至整体经济的发展产生不利影响，一旦政府放松管制，企业仍会增加排放以最大化其利润，环境污染排放将会出现反弹，环境政策的实施可能出现政策脱轨效应。因此，研究结果表明提高微观主体的环保意识，利用市场手段调节污染排放行为，避免政府直接施压于企业，对环境的影响将会是持久且深入的，同时还不会影响社会经济的发展。

结论 3：当双寡占市场达到均衡时，通过提高微观主体环保意识，虽然可以达到减少污染排放的目的，但是会使得社会福利降低，相比较提高微观主体环保意识下社会福利降低幅度不大，且带来的社会经济效率损失远小于采取强制性政策（征收环境税）；存在某一边界，使得两类政策表现出不一样的优势；两种途径均会在一定范围内增加社会净福利，只要增加微观主体环保意识就会带来社会净福利的增加，而当采取政府管制手段时需寻求合适的环境税率。

为了更好地比较微观主体主观能动性在城市道路交通环境保护中的作用，

研究进一步从福利视角分析了不同情景下社会福利和社会净福利的变动情况。将提升微观主体环保意识情景和征收环境税情景下社会福利与基准情景进行比较，发现一旦采取措施进行环境防治，社会福利均会降低。图5－1展示了三种情景下社会福利的变动情况，根据5.1.2的研究在基准情景中，社会福利为 $W=\alpha^2(\gamma+5)/(\gamma+4)^2$ ，其中 α 为常数，γ 代表寡占市场中两类产品的替代关系，一旦两类产品确定 γ 也就是个常数，因此基准情景中社会福利为固定值，图5－1中点 W 表示在基准情景中的社会福利。从图中可以看出当环境税率或微观主体环保意识从0到1开始逐渐增长时，社会福利将会开始减少。然而值得注意的是，当环境税率增加时，社会福利会快速降低，且当 t 增长到某一程度，社会福利变为负值。而在提高微观主体环保意识情景下，社会福利的降低很慢，且始终大于零。由此说明采取政府管制措施（如征收环境税）保护环境，将会影响社会的经济效率，且带来的社会效率损失远大于提高微观主体环保意识。

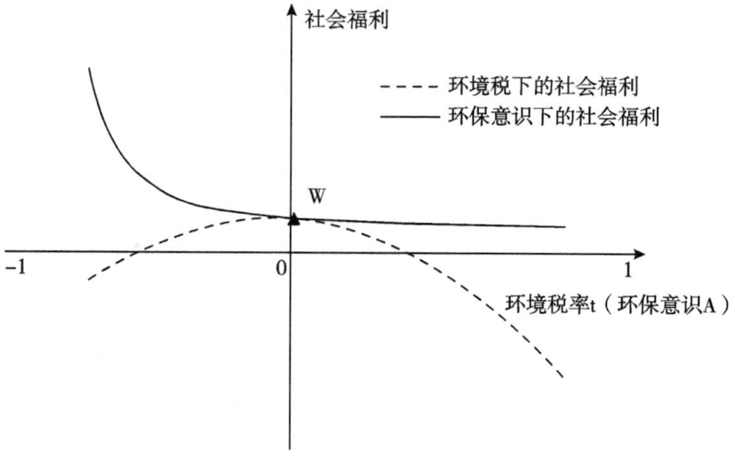

图5－1　三种情景下社会福利的变化和比较

不过采取措施的目的是提高环境质量，因此需要将环境损失的变动考虑进来，即考查社会净福利在三种不同情景下如何变动。根据理论推导的结果发现，不同情景下社会净福利与基准情景相比都会在一定范围内增加（见图5－2）。图5－2展现了三种不同情景下社会净福利的变动情况，根据基准

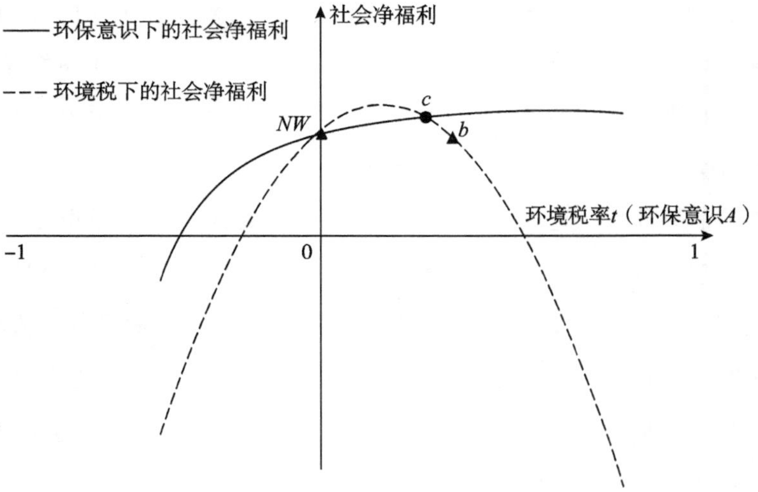

图 5-2　三种情景下社会净福利的变化和比较

情景中社会净福利的表达式 $NW = \alpha^2(\gamma+3)/(\gamma+4)^2$，可知基准情景中社会净福利是一个固定值，即图 5-2 中的点 NW。从图中可以看出，和现有研究结果一致，在“命令控制型”情景中存在一个最优税率 t^* 使得社会净福利最大，且在一定范围内，征收环境税会增加社会净福利，然而图中可以明显发现当税率 t 超过某一定点 b 时，社会净福利与基准情景相比也会降低，这是因为当税率超过某一限值时，由于环境税带来的社会经济损失将超过带来的环境收益，因此总的社会净福利将会降低。现有研究也从其他方面支持了这一结论，如李香菊和贺娜（2019）研究发现，随着环境税的增加，企业绿色技术创新水平不断提升，待环境税到达一定水平后，创新水平反而会逐渐下降，这是社会净福利的一方面体现。范庆泉和张同斌（2018）研究同样认为实施环境税政策对企业污染减排动机的激励不足，将会产生倒 U 型的污染累积路径，并造成较高的生产效率损失和社会福利损失。而反观提高微观主体环保意识情景下，社会净福利随着消费者环保意识的提升而逐渐提升。而值得注意的是，在微观主体环保意识参数 $A \in [0,1]$ 的取值范围中，社会净福利一直大于基准情景中的社会净福利。研究认为通过提高微观主体环保意识来影响企业排污决策，主要是改变了微观主体偏好和绿色消费行为，这并不会减少消费者购买行为，此种政策会使企业为了适应市场从而自发进行改变，从经济发展和社会净福利角度来看，不会造成生产效率损失，因此随着微观主体环保意识的不断提升，社会净福利与基准情景相比是一个持续增长的过程。由此从长期来看，提高消费者环保意识，改变其消费偏好和行为，将会对环境和社会经济发展持续带来正向影响。

另外，需要注意的是，目前我国政府提出“绿水青山就是金山银山”的环境保护思想，即以社会净福利为政策目标，因此从图 5 - 2 中可以发现，环境治理过程中，在寡占市场下当环境税率与微观主体环保意识参数满足 $t = A \in [0,c]$ 时，此时采用“命令控制型”环境政策（征收环境税）将更有效，即社会净福利更高；而当 $t = A \in [c,1]$ 时，提高微观主体环保意识对社会净福利和环境质量提升更有效。

通过以上理论研究发现，微观主体在环境保护政策实施过程中起到了很重要的作用，发挥微观主体的主观能动性可以对环境质量的提升有更深远的影响，和环境税这类城市道路交通政策相比，提高微观主体的环保意识同样可以实现减缓污染排放的目标，且表现出社会福利损害少和社会净福利持续增长的明显优势。因此了解并研究我国微观主体对于城市道路交通的不同行为决策和反应，将会为实现城市道路交通绿色发展提供现实依据。

5.2 基于居民出行需求的城市道路交通——环境政策模拟

在上一节中我们从理论角度分析发现，提高微观主体的环保意识，发挥其主观能动性可以很好地实现减少污染和增加社会净福利的双目标。然而，目前我国很多防治大气污染的城市道路交通政策均是以损害或牺牲微观主体的道路交通需求为代价的，考虑到微观主体主观能动性可以发挥的重要作用，非常有必要探索在不损害微观主体道路交通需求前提下，居民不同的城市道路交通选择将会带来的环境和社会福利影响。因此，本节首次全面核算了我国居民城市道路交通出行的总需求，在此基础上探讨和分析了在满足居民城市道路交通需求基础上，居民不同的城市道路交通出行选择带来的环境和社会福利影响。

5.2.1 我国居民城市道路交通出行需求核算

改革开放40多年，我国经济取得巨大发展，人民生活水平也得到大幅提升，与此同时对于交通出行需求也是日益增加，据国家统计局发布数据显示，2005年我国旅客周转量为17466.7亿pkm（passenger - kilometers），而到2017年我国旅客周转量已经达到32812.8亿pkm，10年间我国居民出行需求翻了2倍多。剧增的道路出行需求也带来了严重的污染问题，同时为公共健康和社会福利带来损失。统计显示：2017年我国交通部门共消耗34819万吨煤当量（tce），带来的有害气体排放量高达4571万吨，其中由道路交通部门带来的CO、HC、NO_X和PM的排放量分别为3327.3万吨、407.1万吨、574.3万吨和50.9万吨。为了减少道路交通带来的日益严重的污染排放，我国政府积极采取了一系列政策措施，然而就像研究之前分析的一样，很多政策措施都是建立在限制微观主体交通出行需求基础上的，因此有必要设计合理科学的城市道路交通政策，不仅可以减少污染排放，增加居民福利，同时还要满足居民的交通出行需求和经济发展。为了实现这样的政策目标，鼓励居民发挥其主观能动性，很重要的前提是必须清楚了解目前我国居民的出行需求结构，以及不同交通出行方式带来的环境损害情况。

分析文献发现，目前大部分研究均聚焦于某一种交通出行方式，很少会将居民所有可能涉及的出行方式均考虑在内。一方面目前研究运用不同方法对我国居民城市道路出行进行预测，如Han和Hayashi（2008）预测了中国2000年到2020年私家车保有量，并进一步估算了其带来的区域环境影响。Yan和Crookes（2010）预测了中国道路交通在未来20~30年仍旧会高速发展。Hu等（2010）对中国道路交通面临的问题进行了全面总结，并预测如果按照当前发展模式到2030年，我国机动车数量将会达到4亿辆。另一方面，目前研究聚焦于某种交通出行方式带来的环境损害，如何吉成和李耀增（2010）计算了我国1975—2005年铁路交通的二氧化碳排放量，发现铁路带来的二氧化碳排放占总体交通的排放比例在逐年下降。何吉成（2011）核算了我国1960—2009年航空交通带来的二氧化碳排放，并进一步分析了排放的密度和动态特征。Loo 和 Li（2012）追踪了我国道路交通带来的二氧化碳排放增长趋势和空间分布特征。而通过分析文献发现，以上研究均是聚焦某一种交通出行方式，现有研究很少将居民所有的出行方式考虑在同一个研究中。但是需要注意的是，一方面政府如果制定合理的城市道路交通—环境政策，并且不影响居民的交通出行需求，则政策制定者首先需要搞清楚我国居民交通出行需求，基于客观事实才能制定合理科学的交通政策以实现不影响居民交通需求，进一步达到减少污染的目的。另一方面如果想要研究居民对于政策的反应和行为决策，首先必须搞清楚其可以进行的所有选择情况。基于此，研究首先核算了我国居民城市道路交通出行的总需求，为下面的模拟仿真和政策选择提供客观研究基础。

在核算具体居民城市道路交通出行需求之前，首先将居民城市道路交通出行细分为六类：商业交通（主要指城际大巴）、公共汽车、地铁、出租车、私家车、摩托车。其中商业交通、公共汽车、地铁和出租车的交通数据可以直接由《交通运输行业发展统计公报》获取，而私家车和摩托车的需求数据通过保有量和年均行驶里程进行核算，其中私家车和摩托车的数据来自《国家统计年鉴》和《中国机动车污染防治年报》，研究核算了我国 2013—2017 年的居民城市道路交通出行需求，见表 5－1。

表 5－1　我国居民交通出行需求统计

交通类型		2013 年	2014 年	2015 年	2016 年	2017 年
铁路交通（10 亿人千米）		1059.56	1160.47	1196.06	1257.93	1345.69
水运交通（10 亿人千米）		6.83	7.43	7.31	7.23	7.77
航空交通（10 亿人千米）		565.68	633.42	727.07	835.95	951.28
城市道路交通	商业交通（10 亿人千米）	1125.09	1208.41	1074.27	1022.87	976.52
	公共汽车（10 亿千米）	34.90	34.67	35.23	35.83	35.52
	地铁（10 亿列千米）	0.27	0.33	0.37	0.43	0.51
	出租车（10 亿千米）	159.32	161.81	160.24	155.25	144.84
	私家车（10 亿千米）	1645.98	1961.20	2286.01	2675.96	3055.46
	摩托车（10 亿千米）	571.96	549.18	532.65	494.64	492.00

为了更清晰地比较我国城市道路交通的发展情况，研究还将居民出行的其他三类主要交通方式进行核算（铁路交通、水运交通和航空交通）。通过表中数据，可以清晰地看到 2013—2017 年这五年间我国居民交通出行需求有一个巨幅增长，2013 年所有交通方式出行共 51695.9 亿千米，而 2017 年已经增长到 70095.9 亿千米，增长近 35.59%。进一步分析发现，城市道路交通出行占比在四类主要交通方式中最高，2013—2017 年城市道路交通出行占总出行方式的比例分别为 68.43%、68.49%、67.93%、67.61% 和 67.12%，而在城市道路交通出行中私家车出行比例占据第一位；第二位是商业交通（主要是城际大巴）；第三位是摩托车。这三类均是相对污染排放比较高的城市道路交通出行方式。众多研究已经不断证明，城市道路交通对环境带来严重的损害，并且对居民健康和社会福利带来影响，因此研究城市道路交通的污染减排非常重要且必要。

5.2.2　不同城市道路交通出行选择下的环境及社会福利分析

在了解我国居民城市道路交通出行的具体需求基础上，本节进一步探讨在满足居民交通出行需求基础上，微观主体居民的不同交通行为选择将会对防治城市道路交通部门带来的污染排放起到如何的影响。根据我国“十四五”规划，以及《大气污染防治行动计划》《绿色交通“十四五”发展规划》《2030 年前碳达峰行动方案》等系列政策，我国政府明确提出大力发展绿色交通模式，鼓励公共交通出行，大力发展低碳和低排放的绿色出行。现有国际学术研究也讨论了不同城市道路交通出行替代方式对环境和健康福利的影响，如 Xia 等（2015）研究了澳大利亚阿德莱德市当私人机动车出行比例被其他出行方式替代 40% 时，将会使得年均 $PM_{2.5}$ 下降 0.4μg/m^3。Grabow 等（2011）研究发现当美国中西部城市减少汽车短距离出行时，将会减少年均 $PM_{2.5}$ 浓度 0.1μg/m^3。Lindsay 等（2011）对新西兰城市的研究发现，当自行车出行替代私家车出行 5% 时，将会使温室气体减少 0.4%，而且会减少因空气污染带来的健康损失 2 亿美元。鉴于以上原因，研究选取 2017 年为基准年，设计了三种不同的居民城市道路交通出行情景，从而探讨微观主体不同城市道路出行选择下带来的环境和健康福利影响。

另外，研究根据2013—2017年不同城市道路交通出行方式的年均增长比例，预测我国到2050年不同城市道路交通出行方式的需求情况，并将其作为基准情景（见表5－2）。为了探究不影响出行需求前提下居民的不同行为选择带来的环境和社会福利影响，本节根据出行距离的不同分别设计了三种居民出行模式情景：

情景1：到2050年，短距离出行时，居民采用自行车等无污染出行方式比例提高，替代10%的私家车出行。

情景2：到2050年，中短距离出行时，居民采用公共汽车等低污染出行方式比例提高，替代20%的私家车出行。

情景3：到2050年，中长距离出行时，居民采用地铁等低污染出行方式比例提高，替代30%的私家车出行。

表5－2　2050年不同情景下我国居民城市道路交通出行需求预测

道路类型		2017年	年均增长比例（%）	2050年	情景1	情景2	情景3
城市道路交通	商业交通（10亿人千米）	976.52	－3.25	328.22	328.22	328.22	328.22
	公共汽车（10亿千米）	35.52	0.45	41.19	41.19	47.13	41.19
	地铁（10亿列千米）	0.51	17.29	98.44	98.44	98.44	98.95
	出租车（10亿千米）	144.84	－2.31	66.98	66.98	66.98	66.98
	私家车（10亿千米）	3055.46	16.74	505040.65	454536.59	404032.52	353528.46
	摩托车（10亿千米）	492.00	－3.67	143.25	143.25	143.25	143.25

注：考虑到不同城市道路交通出行方式的载客量不同，因此在不同情景转化中，对公共汽车、地铁和私家车均进行了人均等量转化。

在不同城市道路交通出行方式的替代选择下，研究进一步分析不同情景下带来的环境和健康福利影响。首先核算城市道路交通带来的有害气体排放量，主要核算了SO_2、NO_2、$PM_{2.5}$和PM_{10}四种污染气体；其次采用两种核算方式进行。

第一，核算出不同城市道路交通方式的能源消耗，之后乘以排放因子即可①。根据 Chen 和 He（2014），He 和 Qiu（2018）等的研究，城市道路交通带来的有害气体排放量可以通过以下公式核算：

$$E_i = F_m \times A_{m,i} \tag{5-20}$$

其中 E_i 表示城市道路交通带来的 i 种污染气体排放量，F_m 表示道路交通方式的 m 种能源消耗，$A_{m,i}$ 表示道路交通方式消耗 m 种能源带来的 i 种污染气体的排放因子。

第二，根据生态环保部发布的《道路机动车大气污染物排放清单编制技术指南》，应用不同城市道路交通方式的行驶里程直接乘以排放因子获得

$$E_i = KT_n \times EF_{n,i} \tag{5-21}$$

其中 KT_n 表示第 n 种道路交通方式的行驶里程，$EF_{n,i}$ 表示第 n 种城市道路交通方式带来的 i 种污染气体的排放因子。

特别地，由于机动车带来的二氧化硫排放主要来自燃油中的硫燃烧产生，根据硫的质量平衡，机动车的 SO_2 排放量按照下式进行核算：

$$E_{SO_2} = 2.0 \times 10^{-6} \times F_m \times \alpha_m \tag{5-22}$$

其中 α_m 代表道路机动车燃油的年均含硫量，单位为质量分数百万分之一（即 ppm）。

基于以上的方法可以核算出不同情景下由于交通出行方式的不同，所带来的污染气体排放量，为了量化带来的环境和健康福利影响，进一步应用自然科学的简化箱式模型估算不同情景下带来的大气浓度质量的变化。由于我国地域辽阔，地形复杂，影响空气质量的因素有很多，但考虑到目前城市间差别不大，为了得到可靠的结果，研究采用 Chen 和 He（2014）的核算方法：

$$C_i = b_i + \frac{S_i \times L}{u \times H} \tag{5-23}$$

其中 C_i 表示 i 种污染气体在整个空气中的浓度（单位：μg/m³），b_i 表示

---

① 为了相对全面评估不同交通方式带来的环境污染，虽然轨道交通主要使用电力作为动力来源，但是考虑到目前我国发电结构仍旧以火力发电为主，因此研究在核算轨道交通时，考虑了生产电力时的污染排放。

在自然状态下 i 种污染气体的背景浓度（单位：μg/m³），S_i 表示 i 种污染气体的扩散速度（单位：μg/m³），L 代表长度（单位：m），u 表示风速（单位：m/s），H 代表混合高度（单位：m）。实际中由于我国的客观条件限制，很难准确获得全国统一的自然因素（如扩散速度、风速、长度和高度等），因此参考相关研究，进一步简化模型假设这些自然因素和背景浓度在基准情景（2017 年）和未来情景（2050 年）中保持不变，基于此假设变形公式（5－23），即可以获得评估空气浓度变化的模型如下：

$$\frac{S_{2050,i}}{S_{2017,i}}=\frac{C_{2050,i}-b}{C_{2017,i}-b} \tag{5－24}$$

其中 $S_{2017,i}$ 和 $S_{2050,i}$ 分别表示 i 种污染气体在 2017 年和 2050 年的扩散速度，$C_{2017,i}$ 和 $C_{2050,i}$ 分别表示 i 种污染气体在 2017 年和 2050 年的浓度。进一步地，由于假设全年的扩散速度保持不变，因此公式（5－24）左边部分可以使用污染气体的年均排放量比率进行替代估计，此数值可以根据公式（5－20）～公式（5－22）核算获得，2017 年各种污染物的浓度和背景浓度可以通过实际发布数据获得（见表 5－3），故由此可核算出 2050 年不同情景下各种污染气体的浓度变化。

表 5－3　中国 2017 年不同污染气体的实际浓度和背景浓度

污染气体	SO_2	NO_2	PM_{25}	PM_{10}
实际浓度（μg/m³）	21	38	49	83
背景浓度（μg/m³）	17.00	10.00	39.00	60.00

注：表中不同污染物 2017 年的实际浓度根据《中国统计年鉴（2018）》中表 8－16“环保重点城市的空气质量情况”进行核算得到，其中 PM_{10} 和 $PM_{2.5}$ 的转化参数为 0.65。

根据公式（5－24）核算出不同情景下各种污染气体浓度变化以后，进一步可以根据暴露反应模型核算污染物浓度的变化所带来的居民健康和福利影响，研究核算了死亡率（包括总死亡、呼吸系统死亡和心血管死亡）、呼吸系统疾病住院率、心血管疾病住院率和哮喘发病率。根据相关研究，暴露反应模型采用线性形式，因此由于空气污染导致的死亡情况可以根据以下公式核算：

$$Case_{d,i} = ER_{d,i} \times C_i \times P \times M_d \tag{5-25}$$

其中 $ER_{d,i}$ 表示由于不同污染气体 i 导致的 d 种疾病所带来死亡的暴露反应系数，C_i 表示 i 种污染气体的浓度，P 代表全国总人数，M_d 表示 d 种疾病的死亡率。

类似地，由于空气污染导致的非死亡疾病的情况可以根据以下公式核算：

$$Case_{j,i} = ER_{j,i} \times C_i \times P \tag{5-26}$$

其中 $ER_{j,i}$ 表示由于不同污染气体 i 导致的 j 种疾病的暴露反应系数。不同类型的暴露反应系数详见表 5－4。

表 5－4　当不同污染物浓度增长 1μg/m³ 的暴露反应系数　　单位：%

死亡原因	SO_2	NO_2	$PM_{2.5}$	PM_{10}
总死亡	0.081	0.130	0.038	0.032
呼吸系统死亡	0.118	0.162	0.051	0.032
心血管死亡	0.085	0.146	0.044	0.043
呼吸系统疾病住院	0.042	0.043	0.022	0.240
心血管疾病住院	0.160	0.130	0.080	0.050
哮喘	0.290	0.330	0.210	0.390

通过以上公式可以核算出不同情景下，当污染气体浓度发生变化时所带来的居民健康损失物理量，为了更好地理解和比较，进一步将健康损失的物理量转化为健康经济损失，根据已有的公共健康经济损失评估方式，可以获得每例死亡或住院所带来的经济花费（见表 5－5），乘以健康损失物理量即可得到公共健康经济损失。

表 5－5　中国不同健康损失情况的单位经济花费　　单位：元

健康损失	死亡	呼吸系统疾病住院	心血管疾病住院	哮喘
单位	每例	每例	每例	每例
经济花费	855677	6715	10387	34

基于以上的模型构建和分析，研究首先计算了2050年三种不同的城市道路交通出行选择情景下的城市道路交通带来的环境污染情况（见表5－6），如果不采取任何措施，按照目前的居民交通出行需求的发展趋势，到2050年居民主要道路交通出行将会带来巨大的污染排放，其中二氧化硫$SO_2$387.32万吨，二氧化氮$NO_2$1012.74万吨，细颗粒物$PM_{2.5}$154.83万吨，可吸入颗粒物PM_{10}157.89万吨。这些污染气体排放将会对环境和居民健康带来严重影响，因此我们考虑当用相对清洁的城市道路交通出行方式（如自行车、公共汽车或轨道交通）替代污染较高的交通方式（如私家车）时，会产生怎样的变化。首先来看不同情景下污染气体排放量的变化，表5－6中结果显示三种情景下四种污染气体的排放量均呈现下降趋势，而且随着替代比例和出行距离的增加，不同污染气体排放量下降也越多。由此可见，当居民改变其道路交通出行选择，可以有效地改变道路交通带来的污染气体排放量，只要增加相对清洁的道路交通出行比例，就会对减缓空气污染起到重要作用。

另外，我们应用箱式模型对不同情景下污染气体浓度的变化进行了核算，表5－6中数据显示当改变居民不同产生道路交通出行方式的比例，增加相对清洁的道路出行需求时，可以减少不同污染气体的浓度，从而提高空气质量，由此也可以预想到这样的替代方式将会对居民健康和经济福利带来积极的正向影响。

表5－6　2050年不同情景下各种污染物排放量及浓度变化

排放量及变化	BAU（2050年）	情景1（增加自行车出行）	情景2（增加公共汽车出行）	情景3（增加地铁出行）
出行距离减少比例（%）		10	20	30
SO_2				
排放量（t）	3873240.84	3543701.85	3215315.39	2887562.91
变化比例（%）		－8.51	－16.99	－25.45
年均污染浓度变化比例（%）		－8.17	－16.32	－24.45
NO_2				

续表

排放量及变化	BAU（2050 年）	情景 1（增加自行车出行）	情景 2（增加公共汽车出行）	情景 3（增加地铁出行）
排放量（t）	10127371.65	9268802.63	8461555.04	7553830.43
变化比例（%）		-8.48	-16.45	-25.41
年均污染浓度变化比例（%）		-7.75	-15.04	-23.24
$PM_{2.5}$				
排放量（t）	1548264.15	1396751.97	1245988.20	1093779.01
变化比例（%）		-9.79	-19.52	-29.35
年均污染浓度变化比例（%）		-8.37	-16.69	-25.10
PM_{10}				
排放量（t）	1578933.56	1427421.38	1276740.77	1124594.11
变化比例（%）		-9.60	-19.14	-28.78
年均污染浓度变化比例（%）		-8.55	-17.06	-25.65

通过对不同情景下四种污染气体浓度变化的核算，进一步应用暴露反应模型对不同道路交通出行方式替代下所带来的健康福利影响进行预估，预估 2050 年我国人口参考现有研究使用 13.1 亿（见表 5-7）。从预估结果可以

表 5-7　不同情景下年均减少的健康物理量和经济量预估结果

情景	总死亡	呼吸系统死亡人数	心血管死亡人数	呼吸系统疾病住院人数	心血管疾病住院人数	哮喘疾病发病人数
情景 1（增加自行车出行）						
健康物理量（人数）	602055	83443	121059	179450882	144298909	476955621
健康经济量（亿元）	5151.65	714.00	1035.87	12050.13	14988.33	162.16

续表

情景	总死亡	呼吸系统死亡人数	心血管死亡人数	呼吸系统疾病住院人数	心血管疾病住院人数	哮喘疾病发病人数
情景2（增加公共汽车出行）						
健康物理量（人数）	1195374	165715	240377	357681498	287127033	949464011
健康经济量（亿元）	10228.54	1417.99	2056.85	24018.31	29823.88	322.82
情景3（增加地铁出行）						
健康物理量（人数）	1803271	249892	362631	537970505	432146371	1429231317
健康经济量（亿元）	15430.18	2138.27	3102.95	36124.72	44887.04	485.94

看到不同的城市道路交通出行方式将会减少由于空气污染带来的死亡率和相关疾病的发病率，其中减少的心血管疾病死亡人数要高于呼吸系统疾病死亡，可知空气污染对心血管疾病病人带来更严重影响，而由于减少的空气污染浓度对相关疾病的发病人数影响就更大，达到亿级。与此同时，由于污染气体浓度的下降，将会大幅度减少居民由于健康损失所带来的经济支出。

通过以上模拟仿真分析发现，在不限制微观主体交通需求基础上，微观主体居民改变其城市道路交通出行方式，此路径将会产生巨大的环境和健康福利效应。现阶段我国政府也制定了系列类似城市道路交通政策，如大力发展公共交通，鼓励绿色出行，提高城市轨道交通比例等，上一节的理论研究发现提高微观主体的环保意识可以有效地防治环境污染，因此政府如果一方面采取措施提高居民的绿色出行意识；另一方面积极推动绿色出行方式的普及和便利，相信会使我国城市道路交通政策的实施更有效，也会带来更多环境和社会福利影响。

5.3　基于企业交通方式选择的城市道路交通——环境政策仿真

上节中我们讨论了居民的不同城市道路交通行为选择对环境和社会福利的影响，研究发现可以实现不影响居民交通需求基础上，提高城市道路交通的环境质量目标。除了居民以外，企业作为另一重要的微观主体也会对城市道路交通——环境政策产生影响。城市道路交通政策主要规定的是道路出行，一般企业的道路出行选择可以理解为居民出行，但是对于物流企业来讲，城市道路交通政策的实施将会对其产生重要影响，因此本节将聚焦于物流企业，通过构建模型仿真物流企业对于不同城市道路交通——环境政策的响应，进而分析其带来的环境和社会福利影响。

5.3.1　模型构建

随着我国电子商务行业的日益发展，物流企业日渐成为公众生活中不可或缺的一部分，据统计，2017年我国拥有载货汽车1368.62万辆，完成货运量368.69亿吨，货物周转量达到66771.52亿吨千米①，而其中载货汽车多以燃油机车为主，带来的环境污染不容小觑。对此，我国政府采取相应的政策，如规定车型的排放标准，提高机动车的燃油经济性等，相对来讲均是强制性执行，企业没有太多的自主选择。对于城市内物流企业的交通规制，主要是鼓励物流企业调整其机动车结构，如减少燃油机动车数量，增加新能源机动车比例。为此，我国政府出台了诸多财政鼓励或行政限制的政策，比如对于企业购买新能源机动车直接进行购买补贴；对于内燃机动车征收各种税费等，这些政策均会影响物流企业的选择，企业的不同交通车型的选择反过来也会影响政策的实施情况，对环境和社会福利带来影响。

1. 情景设置

为了更好地理解企业对于不同城市道路交通——环境政策的响应及带来

① 交通运输部.2017年交通运输行业发展统计公报［EB/OL］.交通运输部网站，2017。

的环境与社会福利影响，研究首先设计了企业经常面对的两种不同政策情景，应用混合整数线性规划优化模型对企业的不同选择进行分析，并进一步预估不同选择下所带来的环境和社会福利效应。基准情景和两种主要的情景设计如下：

基准情景：没有任何政策措施来规制或鼓励物流企业的车型选择；

情景 1：对于新能源机动车给予直接的购买补贴；

情景 2：对于燃油机动车征收一定的环境税和购置税。

2. 问题描述

为了研究物流企业对于以上两种政策情景的响应问题，假设一个物流企业每天固定给相同的消费者提供物流服务，每个消费者每天都有固定的需求，物流企业拥有一个仓库，所有的机动车均从同一个仓库出发，最终回到同一个仓库。物流企业有两种车型可以选择：一是燃油机动车；二是新能源机动车（如电动车）。两种车型有各自不同的特性，如最远行驶里程、最大载货量、固定成本和运输成本均不同。基于以上假设，企业会根据其运输成本最小化的目标来选择车队的车型组合，从而满足一天的消费者需求。

3. 模型建立

参考关于“车队规模和混合车型路线问题（fix size and mix vehicle routing problem，FSMVRP）”的相关研究，应用混合整数线性规划模型（MILP）来求解和分析以上问题。模拟被定义在某一个固定的网格 $G(V,A)$ 中，其中 V 代表网格中节点的集合，$V = D \cup C$，D 表示仓库的集合，C 表示消费者的集合，A 表示连接节点之间弧的集合，$A = \{(i,j) \mid i,j \in V \backslash \{(i,j) \mid i,j \in D\}\}$，两点之间弧的距离表示为 $d_{ij}, \forall (i,j) \in A$。

假设每位消费者有一个固定需求 $N_j, j \in C$，企业以成本最小化为原则进行选择，一方面是购买机动车的固定费用，假设车队由两种车型组成：燃油机车 K_{ICEV} 和电动机车 K_{EV}，每辆机动车有其荷载量 $l_k, k \in K_t, t \in \{ICEV, EV\}$，而且电动机车有一个最大行驶里程 $R_k, k \in K_{EV}$，每辆机动车价格为 p_k，且购买时需缴付购置税，税率为 α_k，还需缴付固定的车船费 f_k，政府给予购买补贴 S_k。另一方面是服务路径上的费用，主要包括燃料费用，假设在行驶过程中消耗的单位能源价格 pe_k，单位能源税 pt_k，以及能源经济性 ε_k，以上的 k

$\in K_t, t \in \{ICEV, EV\}$。

模型的决策变量主要是路径变量 $x_{ijk} \in \{0,1\}, \forall k \in K, (i,j) \in A$，当某机动车 k 经过弧（i，j）时 $x_{ijk} = 1$，否则为 0。

基于以上假设的集合、参数和变量，构建混合整数线性规划模型如下：

$$\min \sum_{k \in K} \sum_{(i,j) \in A} (pe_k + pt_k) d_{ij} \varepsilon_k x_{ijk} + \sum_{k \in K} \sum_{i \in D} \sum_{j \in C} [(1 + \alpha_k) p_k + f_k - S_k] x_{ijk} \tag{5-27}$$

上式中第一部分表示企业在路径上的费用，第二部分表示购买机动车的固定费用。模型的限制性条件也可分为三类，分别是行驶路径上的限制，机动车的载货能力和最远行驶距离限制。

（1）基本限制性条件：①任何一辆机动车只能从一个仓库出发；②每一个消费者都被一辆机动车服务一次；③某一辆机动车进入某一节点，则必须再从此节点出去；④当车队中第 k—1 辆机动车派遣出去后，接下来只能排遣第 k 辆车，其中 K_t^1 表示集合 $K_t, t \in \{EV, ICEV\}$ 中第一个元素。以上限制性条件可分别用如下表达式表示：

$$\sum_{i \in D} \sum_{j \in C} x_{ijk} \leqslant 1, \quad \forall k \in K$$

$$\sum_{i \in V} \sum_{k \in K} x_{ijk} = 1, \quad \forall j \in C$$

$$\sum_{i \in V} x_{ijk} = \sum_{i \in V} x_{jik}, \quad \forall j \in V, \ k \in K$$

$$\sum_{i \in D} \sum_{j \in V} x_{ijk} \leqslant \sum_{i \in D} \sum_{i \in V} x_{ijk-1}, \quad \forall k \in K_t \neq K_t^1, \ t \in \{EV, ICEV\}$$

（2）由于不同机动车有其自身的特性限制，故有限制条件：①机动车的载货能力要和消费者的需求匹配；②由于电动机车有着最大行驶里程限制，故每次电动机车的服务距离不能大于最大行驶距离。以上限制条件可以表示为

$$\sum_{i \in V} \sum_{j \in C} N_j x_{ijk} \leqslant l_k$$

$$\sum_{(i,j) \in A} d_{ij} x_{ijk} \leqslant R_k$$

（3）为了保证求解过程的限制条件：①避免解决方案中存在不合理的路径；②决策变量的取值范围。以上限制条件的表达式分别为

$$\sum_{i \in C^*} \sum_{j \in C^*} x_{ijk} \leqslant |C^*| - 1, \quad \forall C^* \subseteq C, \ k \in K$$

$$x_{ijk} \in \{0, 1\}, \ \forall \ (i, j) \in A, \ k \in K$$

依据公式（5－27），物流企业根据成本最小化原则对不同情景下的城市道路交通政策进行反应和决策，从而得到最优的车队中燃油机动车和新能源机动车的构成比例，以及服务消费者的最优路线，不同的情景下物流企业做出的反应不同，因此也会有不同的路线和车辆类型构成，消费的能源数量不同，从而带来的环境影响也不尽相同。

5.3.2 模型求解及数据说明

多车型的路径选择是一个相对比较复杂的优化问题，只有小规模算例可以被一些优化软件进行精确求解，而对于大规模算例需要借助稳健型启发式算法进行求解。本节研究关注的是在不同城市道路交通——环境政策下企业作为重要的实施主体会做如何的响应，从而又带来怎样的环境和社会福利影响，因此研究不针对具体的模型求解算法进行详细阐述，主要采用遗传算法对构建的混合整数线性规划模型进行求解，以小规模算例进行模拟优化，在此基础上进一步调整城市道路交通——环境政策，从而分析企业对不同的城市道路交通——环境政策如何反应。

所有模拟仿真均是在一个包含有 1 个仓库，20 个消费者的运输网络上开展的，消费者散落在一个方形区域内，根据 5.1 节中设置的不同情景，不同情景下算例中的购买补贴，征收的税费不同，即在目标函数中参数 S_k、α_k 和 pt_k 发生变化。图 5－3 展示了模型求解出的一个最优可行方案，其中三角形代表仓库，圆形代表消费者，根据求解出的最优方案，即可了解到企业在不同政策情景下选择的燃油机动车和新能源机动车的组成比例，通过不同车型的行驶里程进而核算出带来的环境和社会福利效应。

为了量化不同政策情景下企业的不同选择所带来的环境和社会福利影响，研究选取了常用的城市物流运输使用的两种车型，其中内燃机动车选取了南京依维柯新得意 V35，新能源机动车同样选取了南京依维柯生产的新能源 EV46，表 5－8 提供了不同车型的特征属性，包括不同车型的新号、市场价格、额定载货量、限制里程、能源效率和能源价格的数据。

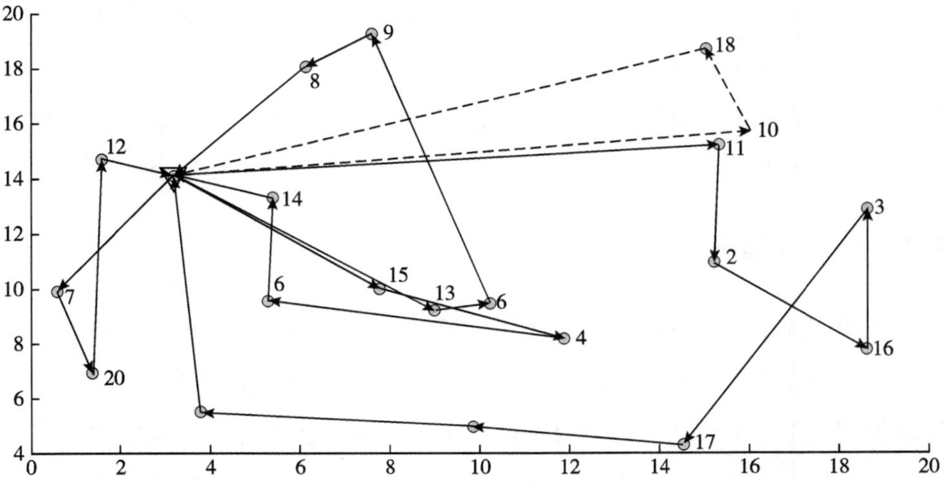

图 5－3　模型的最优解决方案

表 5－8　不同类型机动车的特征属性

属性	车型	市场价格（万元）[a]	载货量（kg）	能源效率	限制里程	能源价格[b]
内燃机动车	依维柯新得意 V35	11.49	1165	8L/100km	—	6.09 元/L
新能源机动车	依维柯新能源 EV46	28.86	1405	35kW · h/100km	200km	0.8745 元/（kW · h）

注：表中市场价格指的是厂商的市场指导价格；内燃机动车能源价格指的是柴油（0 号）价格（北京地区价格），新能源机动车能源价格指的是一般工商业在平段时期的电价（北京地区）。表中关于机动车的数据均来自南京依维柯官网发布数据。

除了以上两类机动车的固定参数以外，不同的城市道路交通——环境政策则体现在如下参数：情景 1 中给予新能源机动车购买补贴，即模型中的 S ，目前政府给予依维柯新能源 EV46 车型的实际补贴为 5.87 万元，情景 2 中给予内燃机车征收各项税费等，如购买燃油机动车需要缴纳购置税 9821 元，大概在市场价格的 7% 左右，即模型中 α ，还需缴纳车船使用税 1920 元，即模型中 f ，对于燃油机车政府还会征税环境税 p_t 1.2 元/L，而对于新能源机动车政府除了给予购买补贴外，还免征收购置税，车船税也非常低，实际只需缴纳300元。

为了更深入了解企业对于不同的城市道路交通——环境政策的响应，研究进一步在实际各项税费基础上又设置了不同的子情景，从而来分析不同税费下企业的行为变化。

5.3.3 仿真结果与讨论

应用实际中国城市物流企业常用的燃油机动车和新能源机动车数据，对不同政策情景下的企业选择进行模拟，结果见表5-9。模拟结果发现针对不同政策情景企业将根据最小化成本做出不同的选择，当对新能源机动车直接进行购买补贴，将会增加物流企业中新能源机动车的数量，模拟结果显示在情景1对新能源机动车进行补贴后，企业增加了2辆新能源机动车以替代1辆燃油机动车，这说明使用2辆新能源机动车要比1辆燃油机动车花费更少。另外，在情景1中新能源机动车的总行驶里程增加，然而平均每辆新能源机动车的行驶里程减少，而燃油机动车行驶里程减少没有很多，这是因为新能源机动车受到最远行驶里程的限制，因此仍旧需要燃油机动车满足其他消费者的需求。

在情景2中对燃油机车进行征收购置税和环境税，模拟结果两类机动车的数量与基准情景相比并没有发生变化，我们认为可能产生的原因是进行模拟时采用的是征收的实际税费，从5.3.2中可以看到目前对于燃油机动车缴纳购置税只有7%左右，而环境税也相对不高，因此在小规模算例中企业并没有由于征收税费而调整车型组合。为了研究税费对企业选择的影响，进一步设置了不同的子情景进行模拟，分别将燃油机动车缴纳的购置税提高到10%、15%、20%，模拟发现当对燃油机动车征收10%的购置税时，企业选择的两类机动车数量仍然与基准情景相同，而当购置税提高到15%时，企业将会增加新能源机动车的数量到3辆，而燃油机动车数量减少1辆，进一步当购置税提高到20%时，企业选择的机动车和征收15%一样。另外，子情景还设置了不同的环境税率，分别在现有环境税基础上增长5%、10%、15%和20%，模拟结果发现当环境税增长5%和10%时，企业的最优选择和基准情景一样，保持不变，而当将环境税增长 15% 和 20% 时，企业的最优选择与基准情景相比，新能源机动车将会增加 3 辆，燃油机车将会减少 2 辆。无论继续增长购置税还是环境税，企业的最优选择均不发生变化，这是因为此时技术的限制比政策的激励作用更加明显。

表 5－9　不同政策情景下物流企业的机动车选择

政策情景	车型	车型数量	行驶距离（km）
基准情景	燃油机动车	4	846.05
	新能源机动车	1	156.32
情景 1（购买补贴）	燃油机动车	3	765.25
	新能源机动车	3	235.12
情景 2（征税/费）	燃油机动车	4	846.05
	新能源机动车	1	156.32

根据以上不同情景下的模拟仿真发现，面对不同的城市道路交通—环境政策，企业的最优选择将会发生变化，而最优选择的变化使得燃油机动车和新能源机动车的数量和行驶里程均发生变化，根据我国交通运输部编制的《道路机动车大气污染物排放清单编制技术指南》，道路机动车的污染排放可以由行驶里程与行驶单位距离尾气所排放的污染物的量相乘所得，而模拟结果发现当对新能源机动车进行财政补贴，或增收燃油机动车的税费时，将会使得企业减少燃油机动车的数量，同时最优路径也发生变化，燃油机动车的行驶里程均会减少，由此可知带来的污染排放量也将会减少。

通过以上算例的模拟发现作为另一重要微观主体，企业会对不同的城市道路交通——环境政策进行反应，模拟结果显示对新能源机动车的购买补贴，以及对燃油机动车征收税费将会增加企业对新能源机动车的购买量，改变最优服务路径，从而带来环境收益。

5.4　本章小结

面对日益严峻的城市道路交通带来的污染问题，各级政府积极采取各项防治和减缓道路交通带来的污染挑战，而这些政策措施最终的实施主体和参与主体除了政府，主要是居民和企业，因此作为主要的微观主体，居民和企业对于这些政策的反应和行为选择将会很大程度上影响政策的实施效果。因此探究微观主体对于不同城市道路交通——环境政策的不同行为反应将会带来怎样的环境和社会福利影响显得非常重要。本章首先基于福利视角构建了理论模型，分析探讨了微观主体的主观能动性在城市道路交通防治大气污染过程中起到的作用。研究发现提高微观主体的环保意识，发挥其环境保护的主观能动性，将会对环境质量提升起到积极的正向作用，进一步将其和常用的政府规制政策（征收环境税）带来的效果进行比较发现，提高微观主体的环保意识可以在一定条件下实现和征收环境税相同的环境治理效果，而且从中长期角度考虑，提高微观主体的环保意识还表现出更多优势，其除了可以降低城市道路交通带来的污染排放，还将产生更少的社会福利损害，之后还会带来更多的社会净福利增加。

从理论角度证明了微观主体在防治城市道路交通带来的环境污染方面起到的作用后，本章进一步分别基于居民和企业进行模拟仿真，以探究微观主体的实际行为决策将会如何影响城市道路交通带来的环境效应。具体地，基于满足居民城市道路交通需求前提下，对居民的不同城市道路交通行为进行情景分析，研究发现居民的不同交通行为选择将会影响城市道路交通的污染排放，城市道路交通的绿色发展是可以在不损害居民交通需求基础上实现的。另外，本章还选取城市道路交通政策影响较大的物流企业进行仿真分析，应用混合整数线性规划优化模型对企业面临不同城市道路交通政策时的行为决策和选择进行模拟仿真分析，研究发现企业会对不同的城市道路交通政策做出不同的行为反应，进而影响环境效应。因此，本章研究结论提示政府在防治城市道路交通带来的环境污染时，需要全面综合考虑微观主体在其中的作用和影响，使得政策在制定时有据可依，在实施后尽可能避免出现政策脱轨效应。

第6章

未来我国城市道路交通绿色发展路径研究

我国为防治和减缓城市道路交通带来的日益增长的空气污染问题，政府提出要全面构建绿色循环低碳城市交通运输体系，为此，各部门和各级政府积极制定了各项城市道路交通绿色发展政策措施。应用本书提出的评估交通——环境政策效应的新体系：政策脱轨效应，我们对我国目前城市道路交通采取的防治大气污染政策带来的整体效应，以及特定地区的特定城市道路交通——环境政策进行评估，研究发现目前采取的城市道路交通——环境政策整体实施，以及特定地区的特定城市道路交通政策实施均未产生脱轨效应，政策实施是有效的，对环境和公共健康福利带来了积极的正向影响。然而需要注意的是，从评估结果来看，政策长期实施有产生政策脱轨效应的风险。通过分析发现，目前现实实践中我国的城市道路交通绿色发展还存在很多问题，如何应对这些挑战，使得政策实施尽可能避免产生脱轨效应，从而探索满足交通需求，不影响经济发展的城市道路交通绿色发展的可持续路径成为本章需要重点回答的问题。

因此，本章首先分析了当前我国城市道路交通绿色发展面临的挑战，并归纳总结了部分发达国家和地区成功的城市道路交通发展模式，在此基础上，应用 LEAP 模型探究分析了未来我国城市道路交通绿色发展的路径。

6.1 我国当前城市道路交通绿色发展面临的挑战

虽然根据政策脱轨效应体系对我国防治大气污染的城市道路交通政策进行评估发现，这些政策实施的整体效应和特定政策的特定效应均取得不错的效果，对环境质量的提升起到正向积极作用，但是从目前城市道路交通的污染排放总量看，情况仍旧不容乐观，当前我国城市道路交通的绿色发展仍面临很多挑战，现总结如下：

6.1.1 汽车保有量持续快速增长

随着我国经济的快速发展，人民生活水平的提高，私家汽车渐渐成为当前人们生活的一项必需品，截至2017年，我国汽车保有量已经达到20816.0万辆，占所有机动车的69.77%以上。汽车也成为机动车大气污染排放的主要贡献者，其中CO和HC的80%以上来自汽车，NO_x和PM的排放占总体的90%以上。虽然我国部分大城市采取了限制燃油汽车销售和购买的政策，但大部分城市汽车保有量仍旧以惊人速度增长。与此同时，新能源汽车的普及相对却很缓慢，虽然2017年我国新能源汽车的产销量占世界的50%以上，但在我国全部汽车销售量中占了不到3%。因此，未来我国私家汽车仍旧会是城市道路交通绿色发展的重要挑战。

6.1.2 城市道路交通中清洁能源使用比重偏低

《大气污染防治行动计划》明确要求公交行业需率先使用新能源汽车，部分城市每年新增或更新的公交车中清洁燃料车比例应达到60%以上。除了公交车，其他道路交通方式的清洁燃料使用比重很低，据统计，目前我国城市道路交通行业中清洁能源的普及和使用率不足5%，主要以化石燃料为主，其中燃油利用效率也比发达国家低。加之城市道路交通行业的节能低碳技术和产品的推广和应用范围不够，这也影响了整个行业的能效提升。

6.1.3 城市道路交通基础建设有待完善

目前我国城市道路交通的各种运输方式之间缺乏有效衔接，现有的道路交通基础建设不能很好地适应新的绿色交通发展要求，虽然各城市均提出了道路交通的绿色发展，但由于早期城市建设受当时理念、技术和政策等方面的制约，已无法完全满足现在的城市绿色交通发展。如政府大力推广新能源汽车的普及和使用，但由于新能源汽车技术的制约，需要城市的充电站、充电桩等基础设施配套，才能保证新能源汽车的有效使用。

6.1.4 居民出行方式结构比例不合理

虽然我国政府大力发展公共交通，鼓励居民绿色出行，但由于我国城市道路交通的各种交通方式之间缺乏有效的衔接，公共交通的及时性、舒适性等方面的不足影响着居民对于公共交通的选择，加之私人汽车的蓬勃发展，使得目前我国城市中居民出行结构比例不合理，私人汽车、摩托车等高排放出行方式仍旧在出行中占据主要地位。为了解决居民出行“最后一公里”问题，城市还积极出台了各种公共自行车项目，但由于管理制度不完善，部分项目设计不合理等问题，这种零污染的绿色交通方式出行并没有得到可持续发展。

6.1.5 轨道交通路网建设还需进一步发展

轨道交通目前是城市交通发展的一项重要措施，其具有快速、及时和准时的优势，我国的轨道交通建设近些年确实取得快速发展，截至 2017 年年底，我国共有 32 个城市开通了轨道交通，拥有运营车辆共计 28125 辆。但是目前我国大部分城市的轨道交通路网还并未形成，部分城市还没有轨道交通或刚刚投入轨道建设，这与发达国家（如日本）的轨道线网相比还有差距，目前我国的轨道交通发展还不能满足城市交通出行需求，需要进一步完善轨道交通建设。

6.1.6 绿色交通监管能力薄弱

目前，我国城市道路交通绿色环保监测统计能力薄弱，受之前的发展理念和技术所限，相关基础数据匮乏，这使得政府在进行决策和管理时缺乏科学客观的数据支撑。另外，目前我国城市道路交通的绿色循环低碳发展方面的标准规范体系尚不健全，绿色交通考核体系尚未建立。行业节能环保监管手段缺乏，相关市场机制的引入推广缺少配套政策支持，这些都将成为未来我国城市道路交通绿色发展的重要挑战。

6.2　现有城市道路交通绿色发展的国际经验总结

我国城市道路交通绿色发展面临着以上的诸多挑战，这和我国的经济空前发展，城镇化水平不断提高，城市人口规模越来越大密切相关，而这一切发达国家也曾面对过，发达国家和地区在建设可持续发展的绿色循环低碳交通体系的探索和实践值得我们学习和借鉴，本节主要选取一些有特色的发达国家和地区的成功城市交通绿色发展案例进行讨论，为未来我国城市道路交通的绿色发展路径提供参考。

6.2.1　美国：城市交通政策的绿色转型

美国被称为是一个“车轮上的国家”，但其在城市绿色交通发展方面进行的探索，取得了建设性成果。20 世纪是美国经济快速发展的重要阶段，也是美国城市交通运输业逐步走向成熟的时期。其城市道路交通发展可以分为三个阶段。

第一阶段：1956 年之前美国传统城市主要实施以高速公路建设为主导的交通政策，此阶段美国城市资金和政策主要支持建设高速公路，大力鼓励私人汽车出行，其他可供选择的交通方式受到极大的压缩。

第二阶段：私人交通高速发展，绿色交通政策开始萌芽阶段，1956—1990 年美国进入高速公路最为快速发展的阶段，此阶段很多城市私营公共交通系统处于破产边缘，美国居民日常出行 89.5% 主要依靠私人汽车，79.2% 的长距离出行也主要依靠私人汽车。然而过量使用燃油汽车给美国带来了日益严重的环境问题，引起环保组织和民众的大规模反对，之后美国陆续制定了《清洁空气法案 1963》,《国家环境政策法案 1969》等，对城市交通过程的污染排放进行规定。

第三个阶段：1990 年以后，美国之前的公路建设项目没有实现预期目标，引起政府的反思，加上空气质量的日益下降，使得联邦政府陆续又出台了系列法案，如《联运地面交通效率法案 1991》《21 世纪交通公平法案》等，美国城市交通政策开始全面向绿色发展转型。之后，美国陆续提出交通发展要与资源和谐、与区域和谐、与社会和谐、与环境和谐等发展理念，美国各州、各城市陆续开始进行了一系列城市交通绿色发展的探索和实践，并取得建设性成果。

典型城市如纽约，拥有高密度的城市公共交通系统，城市内部拥有至少28条地铁线路，490个地铁站，其公共汽车路网也非常完善，拥有北美地区最完备的公交系统，全市共有至少244条公交线路。据统计，每天工作日到市中心区上班的人中有83%以上使用公共交通，只有7%以下使用私人汽车，高密度发达的公共交通网络为解决纽约城市交通问题起到了至关重要的作用。另外，美国的波特兰市也在绿色交通发展方面进行了有益的探索，其最大特色是致力于发展以轻轨系统为支撑的紧凑城市交通系统，提出到2040年城市中有三分之二的就业和40%的居民要位于轻轨系统和公共交通系统服务的走廊上，同时还发展有轨电车系统以作为轻轨系统的补充和衔接，建设了公交步行街区，在此区域只允许公共汽车和轨道交通单向通行，道路中间是步行区域，与此同时还配套了各种鼓励公共交通出行措施，如特定区域乘坐轻轨和有轨电车免费，特定人群实行票价减免政策等，这些紧凑、混合的城市交通发展模式使得波特兰市绿色交通发展取得显著的成效。

6.2.2 新加坡：综合公共交通系统的陆路交通网络

新加坡拥有国土面积714.3平方千米，但拥有561.23万人口，人口密度超过7857人/平方千米，在如此高人口密度、土地资源严重匮乏的限制下，新加坡为保持其“花园城市”发展特色并满足不断增长的交通需求，政府于20世纪70年代便已经确立了要发展由轨道交通和公共汽车相结合的综合公共交通系统为城市交通发展方向，2013年新加坡的公共交通在早晚高峰承担了客流量的63%以上，并且贡献率一直在增长。

为了实现公交优先的城市交通发展战略，新加坡在城市建设规划管理上保证了不同政府管理部门的无缝协作，主要由都市重建局、建屋发展局和陆路交通局三个管理部门对城市发展规划、交通发展规划等进行高度整合，实现了城市发展的宏观层面、中观层面和微观细节上的平衡发展，主要体现：如在已有的密集商务区增加生活区和服务区等功能，以减少高峰时段交通客流量；新建设城镇要满足公共设施配套标准，基本实现自给自足从而降低日常生活对交通的依赖；城市公共服务区域一定要分布在公交可达的中心，使得居民可以方便地通过换乘枢纽与其他区域连接等。这些城市建设的综合规划从根本上保证了居民可以优先选择公共交通出行的常态。

目前，新加坡公共交通系统主要是以地铁为主，轻轨和公共汽车为辅，地铁承载城市不同区域间的主要客运量，轻轨负责离城市中心区较远的新镇交通，公共汽车延伸至城市的各个角落。与我国城市地铁不同的是，新加坡地铁的建设和经营是分开的，政府拥有地铁资产所有权，负责地铁基础建设，之后交由企业进行运营，政府对其进行严格监管。这种模式使得运营企业积极开展相关多元化业务，保证了地铁作为公共交通的低票价福利，还实现盈利。与此同时，为了确保地铁和公共汽车相互补充和配合，新加坡政府还让企业混合共同经营轨道交通和公共汽车系统，这种经营模式又避免了不同公共交通方式之间的竞争，形成了公共交通一体化发展格局。另外，新加坡还专门设立了独立监管机构“公共交通管理理事会”，来确保乘客和经营企业的利益平衡。

除了注重城市综合公共交通系统发展外，新加坡政府还密切重视公共交通的便利和舒适。在城市重要位置的公共交通系统进行立体复合功能开发，建设形成公共交通枢纽、商务区、购物中心和公共服务区等综合体，极大地方便了居民的工作和生活出行。通过“畅行乘车计划”改善步行至公共交通站点的路径，建设步行连廊来改善居民来往公共交通站点的体验，吸引居民愿意乘坐公共交通出行。

除了以上公共交通建设外，新加坡政府还出台多元化政策措施来确保公共交通主导地位，如赋予公共汽车更优先的路权，实行“必须为公车让路计划”，出台“精明出行”政策，引导企业参与，鼓励企业设置灵活的上下班时间，从而减少高峰时段流量，同时还实行“早高峰前出行优惠”“精明出行奖励”等，都是为了引导居民错峰出行。新加坡政府还注重智能交通的发展，如设立陆路交通综合服务信息平台，为居民提供个性化出行规划等。

受国土资源限制的新加坡还严格控制私人汽车，采用拥车证、拥堵费和高额赋税等政策调控私人汽车使用，同时为了减少机动车带来的环境排放，还规定自1992年起小汽车必须安装催化转化的装置以减少污染气体的排放。严格的私人汽车控制和公共交通主导的城市交通发展策略，确保了新加坡城市交通的可持续发展，满足了交通需求，同时提升了城市的综合运行能力。

6.2.3 日本：轨道交通为主的新城市交通体系

日本是一个能源极度匮乏的岛国，因此其始终将节约能源作为国家发展的重要战略，自1979年颁布《节约能源法》，到2003年实施《修正节能法》，日本政府始终强调对于能源的节约和重复利用，对企业和机动车辆规定了严格的能效标准，实行强制性的能效标识制度。1997年日本政府还制定并通过66项政策措施以进行节能，包括采取税制调控，对私人汽车进入城市进行限制。除此之外，日本主要从节能减排技术入手，大力发展交通运输的清洁能源开发，调整交通运输业的能源使用结构，在汽车行业推广如电力、氢能源、生物燃料和天然气等新型燃料汽车的开发和普及。

日本城市交通发展典型的如东京，1927年便建成了第一条城市轨道交通，1974年政府提出建设以轨道交通为主的新城市交通体系，其多年来一直致力于发展城市轨道交通，截至2015年，东京首都圈已建成2500千米的铁路系统，城市轨道线路长达332.96千米，成为当时世界上最大的客运流量公共系统，而目前已形成世界上最高密度的中心城轨道交通网络，以东京为中心周边共发展了17条新干线，13条铁路系统构成的完备轨道交通网络，居民可以通过便捷、快速的轨道交通和综合换乘枢纽到达城市各个区域，据统计在东京居民出行中86%以上会使用轨道交通。而且日本城市的轨道交通建设强调与城市公共空间相结合，利用地下、空中等多层交通设施与周边建筑进行连接，极大地方便了居民的出行，这也使得居民有意愿乘坐公共交通出行。高度发达的轨道交通系统极大地缓解了日本城市交通发展面临的各项能源资源的挑战。

6.3　基于 LEAP 模型的城市道路交通绿色发展路径研究

通过对发达国家和地区的城市道路交通绿色发展情况进行学习发现，发达国家和地区成功的城市道路发展经验也正是我国政府目前提出的道路交通发展的目标规划：一方面是加强城市道路交通管理，加强公共交通网络建设，提高公共交通出行比例；另一方面是限制并逐步淘汰高排放机动车，其手段如征收税费、提高排污标准限值、对高能耗高排放机动车实行限行和限购政策等。而未来我国城市道路交通如何在不影响交通需求基础上实现绿色发展，成为本节重点关注的问题。本节基于 LEAP 模型从不同城市道路交通发展路径出发，从防治大气污染的视角结合我国制定的城市交通发展总体规划和要求，对未来我国城市道路交通绿色发展的合理路径进行探索和研究。

6.3.1　LEAP 模型构建

长期能源替代规划系统（Long - range Energy Alternatives Planning System，LEAP）是由斯德哥尔摩环境研究所（SEI）和美国波士顿大学联合开发的一种自底向上的建模工具。此模型主要由能源模块、环境影响模块和费用分析模块三部分组成，其中能源模块又细分为能源需求、能源转化和生物质资源等模块（详细结构图见图 6 - 2），应用此模型可以很好地对整个国家、城市或某一部门的能源消费、环境影响进行不同情景的模拟和计算，广泛应用于能源政策分析、环境评估等方面，目前，LEAP 模型在我国交通领域的能源需求和环境影响评价中已得到广泛应用。

本书基于 LEAP 模型，建立了城市道路交通发展模型，以我国制定的城市交通发展总体规划和要求为基础，结合发达国家和地区的成功发展经验，对我国城市道路交通的绿色发展路径进行模拟和研究。根据研究内容主要选取了模型中的能源模块和环境影响模块进行建模和分析，其中能源模块是 LEAP 模型的核心，主要核算方式是根据不同部门的经济活动水平与单位水平消耗的能源强度计算得到：

$$F = \sum F_i = \sum A_i \times EI_i \tag{6-1}$$

其中 F 表示能源需求总量，F_i 表示第 i 部门的能源需求量，A_i 表示第 i 部门的经济活动水平，EI_i 表示第 i 部门的能源强度。

在核算出不同部门的能源需求量基础上，结合相关环境数据库变可核算出不同情景下能源消耗带来的环境影响。LEAP 模型中自带技术和环境数据库（Technology and Environmental Database，TED），可以作为模拟的一部分，也可根据具体研究问题进行修正，从而核算不同情景下能源消耗带来的环境影响，其核算公式如下：

$$E = F \times EF \tag{6-2}$$

其中 E 表示环境（污染）排放量，EF 代表环境（污染）排放因子。

据国家生态环境部发布的数据，在一些大型城市或密集人口的城市，机动车对细颗粒物污染物浓度的贡献高达 10% ~50%，道路交通成为城市空气污染的重要来源。基于以上 LEAP 模型基本框架，研究构建了自底向上的城市客运交通数据结构，主要分为公共交通和私人交通两类，其中公共交通主要包括公共汽电车、轨道交通和出租车，私人交通主要指私人汽车，进一步根据不同车型消耗的能源类型进行详细划分。城市客运交通 LEAP 模型见图 6 -1。

6.3.2 模型数据

根据图 6 -1 构建的基本 LEAP 模型，需要使用的数据主要有两部分：一部分是基准年不同交通部门的经济活动水平、能源强度和环境方面等基础数据；另一部分是不同情景下不同交通部门的预测数据。

首先为了核算不同交通部门的能源消耗，需要了解不同交通部门的活动水平和单位能耗，对于公共交通主要采用公共交通客运量（人）和旅客的平均运距（千米）来核算公共交通的周转量（人·千米）；对于私人交通主要应用私人汽车保有量（辆）、平均载客量（人/辆）和平均运距（千米）来核算私人交通的周转量（人·千米），详细数据见表 6 -1。

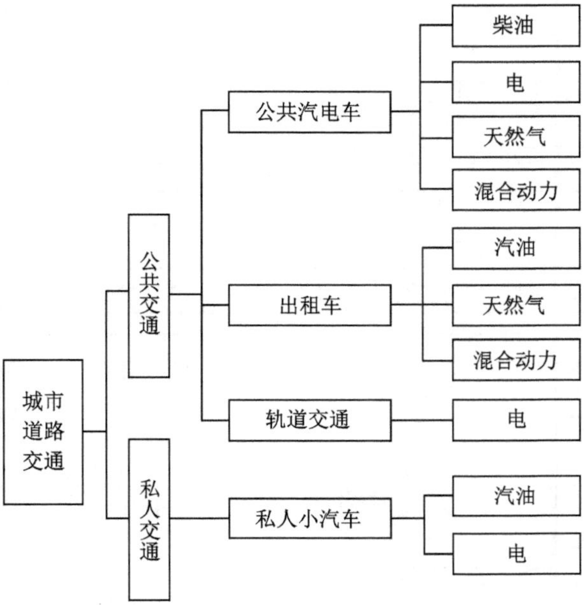

图6-1　城市客运交通 LEAP 模型结构

表6-1　2017年中国城市交通运行数据

城市交通		车型比例（%）	客运量（亿人）	保有量（万辆）	平均运距（km）	平均载客量（人/辆）	人·千米气、电耗（L，kW·h，m^3）	人·千米能耗（gce）
公共汽电车	柴油	28.7	207.46	18.69	7.3	40	0.010	12.68
	天然气	27.9	201.68	18.17	7.3	40	0.012	15.96
	混合动力	13.2	95.42	8.59	7.3	40	0.008	13.62
	电	26.3	190.11	17.13	7.3	40	0.030	3.69
出租车	天然气	8.6	31.42	12.00	9.9	2	0.071	95.00
	混合动力	5.3	19.37	7.40	9.9	2	0.043	75.31
	汽油	65.8	240.43	91.84	9.9	2	0.064	70.00
	电	20.3	74.18	28.33	9.9	2	0.179	21.95
轨道交通	电	100	183.05	2.8125	13.3	150	0.016	1.97
私人汽车	汽油	97.31	—	16518.15	13.2	2	0.07	77.77
	电	2.69	—	456.62	13.2	2	0.20	24.38

数据来源：《2017年交通运输行业发展统计公报》《中国机动车环境管理年报（2018）》，各车型的能耗参数主要参考《北京市交通发展年报》，池莉（2014），王红梅等（2018）研究，出租车数据根据全国主要城市估算得到。

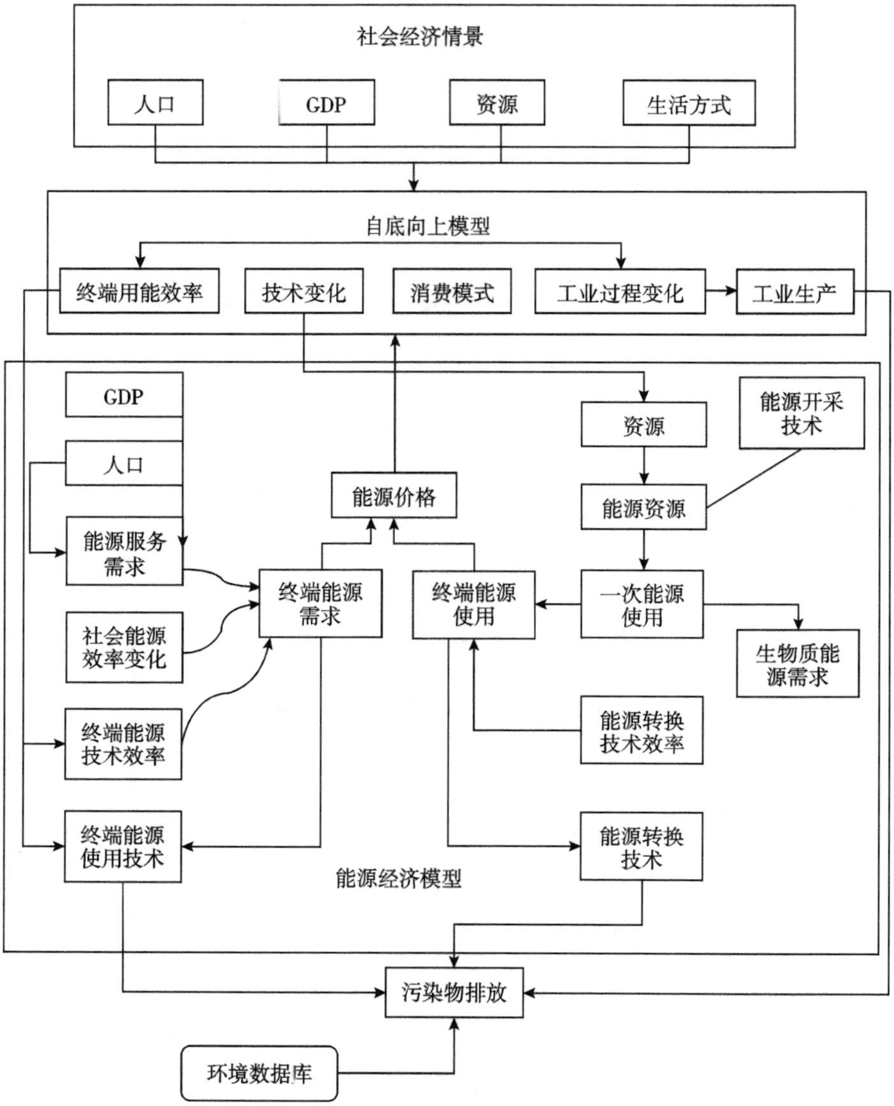

图 6－2　LEAP 模型详细结构

道路交通带来的环境污染排放与不同类型交通方式的能源使用有关，研究主要通过不同交通方式的不同类型能源使用过程中的排放强度（kg/tce）来核算城市道路交通带来的环境影响，排放强度主要是受到百千米油耗，能源密度和排放因子等因素的影响，因此参考《道路机动车大气污染物排放清单编制技术指南》和《轻型汽车污染物排放限值及测量方法（中国第五阶段)》，可以获得不同交通方式的不同类型能源使用过程的能源强度（见表6-2)，而考虑到电能在终端使用过程中是清洁能源，不带来污染排放，因此研究不核算电能的环境影响。

表6-2 我国城市不同交通方式的排放强度 单位：kg/tce

城市交通		CO	HC	NO_X	SO_2	CO_2
公共汽电车	柴油	18.993	3.687	13.993	0.069	2187.907
	天然气	1.5134	4.842	3.934	—	1257.364
	混合动力	2.031	1.625	5.28	—	1750.292
出租车	天然气	2.621	0.415	1.088	0.052	1367.925
	混合动力	4.835	1.261	1.104	0.018	1480.513
	汽油	26.396	2.296	1.722	0.191	2020.382
私人汽车	汽油	19.797	1.722	1.318	0.191	2020.382

6.3.3 情景设计及参数设置

第4章分析我国目前道路交通的环境政策可以看到，道路交通的总体发展规划和要求主要是建设绿色交通体系，如“十四五”规划明确提出“到2025年，综合交通运输基本实现一体化融合发展，智能化、绿色化取得实质性突破”，交通运输部2021年发布的《绿色交通“十四五”发展规划》中提出：到2025年，交通运输领域绿色低碳生产方式初步形成，绿色发展水平总体适应交通强国建设阶段性要求。目前采取的政策措施一方面是全面建设绿色交通体系，如提高清洁能源机动车使用，大力发展公共交通等；另一方面采取多项措施减少高排放机动车使用，如征收环境税，提高机动车排放标准，强制淘汰黄标老旧车等。根据目前我国对于道路交通发展的总体规划，结合现有的防治大气污染的道路交通环境政策，研究设定了不同情景，从而应用LEAP模型研究不同情景目标下我国道路交通绿色发展的路径问题。

1. **基准情景**

基准情景，也是所谓的“零方案”，假设政府不采取相关政策措施来规划城市道路交通发展，使其按照2017年之前的发展模式进行发展，即不同交通方式中不同能源类型比例、各项参数保持不变，但随着时间发展各种交通方式的需求有所增长。

2. **政策情景**

此种情景是在基准情景的基础上，根据我国提出的道路交通发展规划进行具体设置。2021年交通运输部印发的《绿色交通“十四五”发展规划》提出：“到2025年，力争60%以上的创建城市绿色出行比例达到70%”。为了实现道路交通绿色发展要求和规划，我国政府采取了各项政策措施积极引导道路交通的绿色发展，主要可以总结如下常用政策：

政策情景1：大力发展公共交通，减少私人汽车出行比例。如各个城市加强公共交通基础建设，推行“公交优先”战略，大力发展轨道交通，提高公共交通出行比例，同时对于私家车进行限行、限购，对城市机动车的总量进行控制。然而，通过分析过去五年的城市交通数据发现，我国公共汽电车在过去五年内保有量在持续增长，年均增长率在6.53%，但客运量在过去三年在持续下降，年均增长率在-2.58%左右，这说明虽然政府大力推行公共交通出行，但目前由于小汽车保有量的快速增长，公共交通出行比例实际并没有得到提高。基于此本书设置政策情景1：到2030年我国城市道路交通公共交通出行比例达到80%以上，其中公共汽电车承担客运量年均增长比例为3%，私人汽车年均增长比例控制在10%以下[①]。

政策情景2：积极推广清洁能源机动车在道路交通部门的应用比例。如国务院2018年发布《打赢蓝天保卫战三年行动计划》，其中明确提出“加快推进城市公交车辆使用新能源或清洁能源车辆”。故设置政策情景2-1：到2030年我国城市公共汽电车中清洁能源汽车比例达到100%。另外，城市积极推进出租车“油改电”换购计划。基于此设置政策情景2-2：到2030年我国城市出租车中清洁能源机动车比例达到100%，其中电动汽车比例达到

① 在此参数设置下，我国城市公共交通的出行比例可以达到80%以上，公共汽电车和轨道交通的承担比例均在40%以上，符合国家的战略规划和要求。

85%以上。除此之外，提高私家车中新能源机动车比例也是政策积极推进的一项重要措施，如对新能源机动车的研发、生产和购买提供财政补贴，减免税费等政策。国家部委还积极研究出台禁售燃油车时间表，因此设置政策情景2-3：到2030年我国私家车中新能源机动车占比达到60%以上。

政策情景3：推进技术进步助力绿色交通发展。如鼓励技术研究，降低百千米能耗，不断提高机动车污染物排放限值等措施。故设置政策情景3-1：到2030年我国机动车的百千米能耗降低10%。另外，对于机动车的排放限值进行规定，进一步加强提高燃油的品质，故设置政策情景3-2：到2030年我国机动车的排放强度在现有基础上降低10%。

为了对比以上不同的政策情景和基准情景下我国道路交通绿色发展不同路径带来的影响，研究首先根据2012—2017年的城市道路交通数据，采用趋势外推法对我国城市道路交通2030年的发展情况进行估计和预测，在此基础上对不同政策情景中的各种道路交通方式的发展变化进行描述和统计（见表6-3）。

表6-3 基准情景和政策情景下道路交通方式发展变化

基准情景	公共汽电车		出租车		轨道交通		私人汽车	
	客运量（亿人）	保有量（万辆）	客运量（亿人）	保有量（万辆）	客运量（亿人）	保有量（辆）	客运量（亿人）	保有量（万辆）
2017年	722.87	65.12	365.40	139.58	183.05	28125	—	16974.77
2030年	659.78	148.20	310.28	168.09	1268.95	227101.7	—	126957.90
情景1：提高城市公共交通出行比例，控制私人汽车出行								
2030年	1061.56	148.20	310.28	168.09	1268.95	227101.7	—	52041.33

情景2：提高清洁能源机动车的应用比例（%）										
年份	公共汽电车				出租车				私人汽车	
	柴油	天然气	混合动力	电	汽油	天然气	混合动力	电	汽油	电
2017年	28.7	27.9	13.2	26.3	65.8	8.6	5.3	20.3	97.31	2.69
2030年	0	2	3	95	65.8	8.6	5.3	20.3	97.31	2.69
2030年	28.7	27.9	13.2	26.3	0	9	6	85	97.31	2.69
2030年	28.7	27.9	13.2	26.3	65.8	8.6	5.3	20.3	40	60

续表

情景3：推进技术进步，降低能耗和排放因子											
人公里能耗（gce）	公共汽电车					出租车			轨道	私人汽车	
	柴油	天然气	混合动力	电	汽油	天然气	混合动力	电	电	汽油	电
2017年	12.68	15.96	13.62	3.69	70	95	75.31	21.9	1.97	77.7	24.38
2030年	11.41	14.36	12.26	3.32	63	85.5	67.78	19.7	1.77	69.9	21.94
情景3－2：排放强度降低10%											

注：基准情景中，根据2012—2017年城市道路交通的实际数据，对各交通方式进行外推，使其需求保持一定的发展趋势，其他参数如燃料类型比例，单位能耗，排放因子等保持不变。

情景1中，为了满足到2030年公共交通出行比例达到80%以上，将公共汽电车客运量和私人汽车保有量的增长比例进行调整，出租车和轨道交通的客运量仍保持基准情景增长比例不变。

情景2中，推广清洁能源机动车在道路交通中的比例，设置了三个子情景，分别对于公共汽电车、出租车和私人汽车中的清洁能源车型比例进行调整。

情景3中，设置了两个技术情景，其中第二个技术情景是在现有基础上使得排放强度降低10%，具体数据不再一一列出，见表6－2。

6.3.4 模型结果及分析

随着我国经济的不断增长，人民生活水平的不断提高，城镇化率持续增加，我国城市道路交通需求也将不断增加，随之能源消耗量和污染物排放也将不断上升，政府制定了多方面的防治道路交通部门的大气污染排放政策，应用构建的LEAP模型对我国城市道路交通绿色发展的不同路径进行分析，首先核算了不同政策情景下城市道路交通的能源需求（见图6－3），基准情景中所有道路交通方式的总能耗最高，若按照现有发展模式继续发展，到2030年城市道路交通的能耗将高达256.62万tce。在现有设计的三种政策情景下，积极推进新能源机动车的应用比例将会使得能耗减少最多，其次能耗减少较多的是政策情景1提高公共交通出行比例，限制私家汽车出行，但若不改变车辆结构，通过测算发现即便将公共交通出行比例提高到90%以上，仍旧不如政策情景2带来的能源节省量高。另外，通过推进技术进步使得2030年百千米能耗下降10%情景下，也将会使得能源消费总量比基准情景降低，进一步通过测算发现，当百千米能耗下降 40% 以上，才能和政策情景 2 推广新能源机动车应用比例中节省能耗相同，而相比之下实现百千米油耗降低 40% 可能更困难。

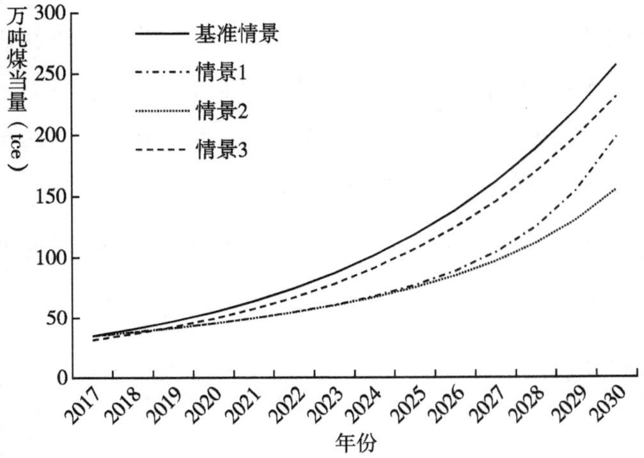

图 6－3　不同情景下我国城市道路交通部门能源消耗

政策情景 1 主要是通过大力发展公共交通，限制私家车出行从而实现了能源消耗的降低，政策情景 2 主要是提高新能源机动车尤其是电动汽车在各种交通方式中的比例从而实现能耗的降低，政策情景 3 通过减少机动车的百千米油耗，从而实现节能。但通过模型测算发现，政策情景 2 的节能效果更好，因此在大力提高公共交通出行比例，推进技术发展时，配合车辆结构优化如增加新能源机动车的应用比例，将会带来更好的节能效果。

进一步应用 LEAP 模型分析不同情景下的能源结构，可以看到在基准情景和政策情景 3 中，汽油一直是能源消耗结构中占比最高的，主要是因为在城市道路交通中，私人汽车的保有量在不断上升，其中汽油机动车占比最高，因此汽油的消费占据较高份额，而政策情景 3 中只是改变了燃油的品质，降低了百千米能耗，各种交通方式和能源类型比例没有发生变化，因此和基准情景相比，政策情景 3 中能源消耗结构不发生变化。其次占比较高的能源就是电，因为近些年我国大力提倡轨道交通建设，各城市陆续发展轨道交通，而电能是轨道交通的主要动力，加上政府大力推广电动机动车的应用，因此电能的消耗相对较多。

政策情景 1 和情景 2 中能源消耗结构和基准情景相比发生了较大改变，图 6－4 显示了在政策情景 1 中提高公共交通出行比例，限制私人汽车出行情况下，随着城市交通需求的增加能源消耗逐年增加，尤其到 2025 年以后能源消耗量快速增长。图 6－5 中可以看到当改变城市道路交通需求结构后，汽油消耗在能源结构中占比逐渐下降，其他能源消耗占比逐渐上升，这是因为私人汽车主要消耗汽油，此政策情景中限制了私家汽车的出行比例，而在不改变公共交通中能源类型占比时，提高公共交通比例势必会使得其他能源消耗占比增加。

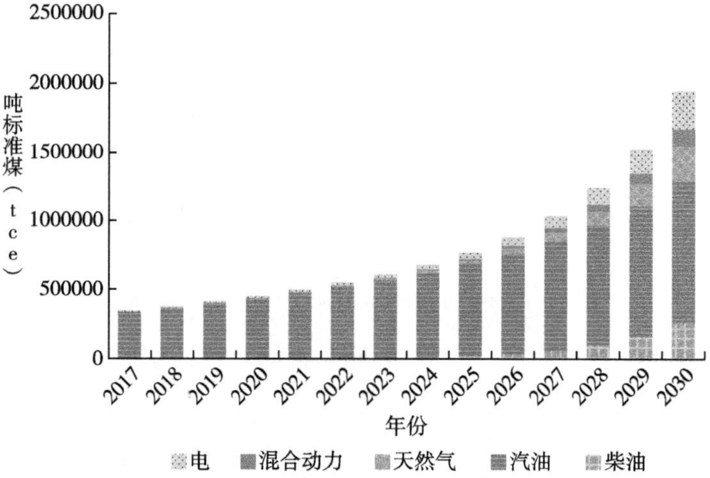

图 6－4　政策情景 1 中能源消耗结构变化

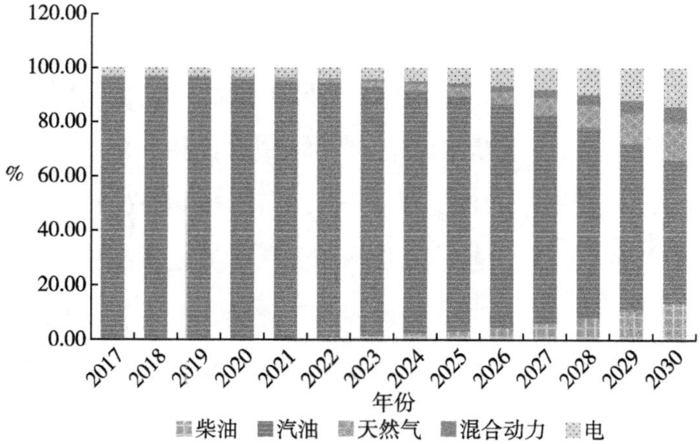

图 6－5　政策情景 1 中不同类型能源消耗占比变化

当改变不同交通方式中能源类型比例时（政策情景2），可以看到城市交通主要以汽油和电能消耗为主，汽油消耗的占比呈逐年下降趋势，而电能消耗将会逐渐增加，需要注意的是，虽然电能在终端应用中是清洁能源，污染排放很低，但考虑到目前我国发电结构仍是以燃煤等高污染排放方式为主，因此如果考虑全生命周期，电能的增加并不一定会带来污染排放的减少。因此政府在大力推广电动车的同时，还要结合调整发电结构，从而实现全社会的减污目标（见图6－6）。

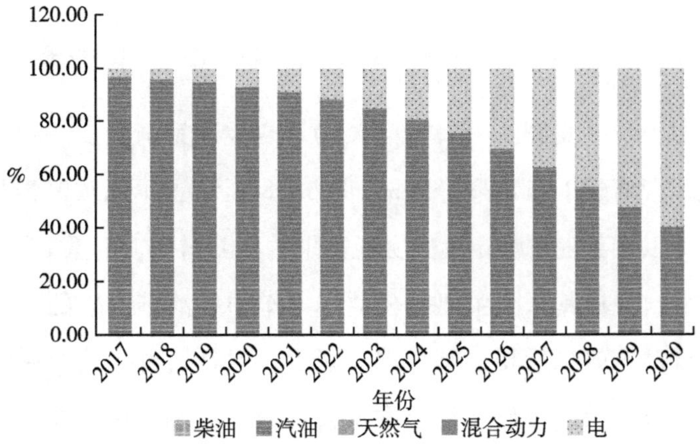

图6－6　政策情景2中不同类型能源消耗占比变化

不同的政策情景主要目标是减少城市道路交通带来的污染排放，除了以上能源消耗的变化外，不同的政策情景污染物排放也呈现不同的变化趋势。由于不同交通方式的不同能源类型产生的污染物排放强度不同，因此不同政策情景下有害气体的减排效果也不同。从图6－7中看出3种不同政策情景均会减少CO的排放量，而其中情景2清洁能源机动车应用比例提高下，CO相比基准情景减排的效果最明显，其次减排效果较好的是政策情景2中提高公共交通出行比例，限制私人交通出行比例，情景3中通过技术进步降低排放强度的政策也会使得CO排放减少，但经过模型测算发现只有当排放强度下降30%以上才会达到其他两种政策情景的减排效果。

首先不同政策情景下城市道路交通产生的二氧化碳和二氧化硫减排效果

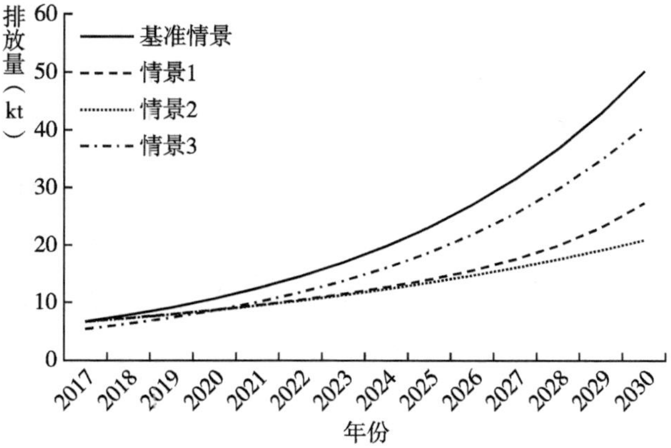

图6－7　不同政策情景下我国城市道路交通CO的排放量

和一氧化碳的类似（见图6－8和图6－9），也是政策情景2的减排效果最明显；其次是政策情景1和政策情景3。图6－8展示了不同政策情景下CO_2的排放情况，可以看到随着城市道路交通需求的不断增加，情景1下CO_2的排放增长趋势明显，分析其原因主要是公共汽电车中柴油车产生的二氧化碳排放强度较高，虽然排放总量相比基准情景减少，但是随着公共交通的出行比例逐渐增加，二氧化碳的排放增长速度将会提高，这说明在增加公共交通出行比例时，也要结合车型结构的调整，这样可以达到更优的二氧化碳减排效果。对比图6－9中不同政策情景下SO_2的排放趋势，其中情景1和情景2的减排效果相差不大，分析原因主要是由于现在机动车的不同能源类型产生的二氧

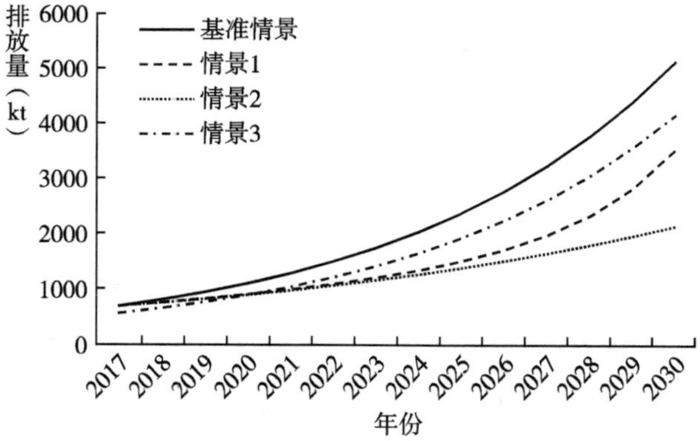

图6－8　不同政策情景下我国城市道路交通CO_2的排放量

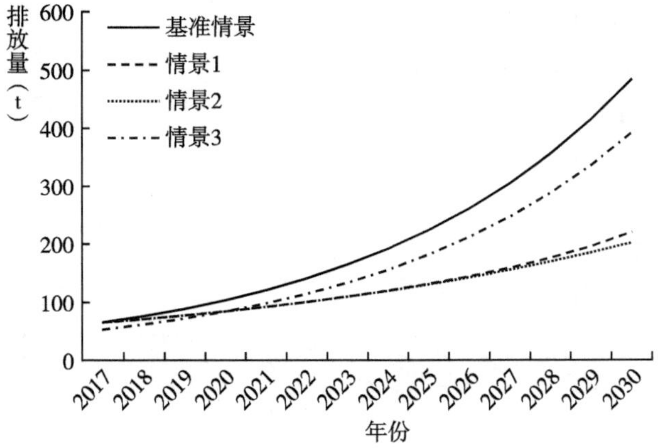

图 6－9　不同政策情景下我国城市道路交通 SO_2 的排放量

化硫排放强度均已经很小，因此在提高公共交通出行比例和推广新能源机动车带来的减排效果相差不明显。

值得注意的是，不同于以上 3 种有害气体的排放趋势变化，HC 和 NO_x 的排放情况在不同政策情景下呈现出不同的趋势。从图 6－10 和图 6－11 中可以看到政策情景 2 调整道路交通车型结构，提高清洁能源比例和情景 3 通过技术进步降低排放强度均会使得城市道路交通带来的 HC 和 NO_x 污染排放降低，而且仍旧是政策情景 2 的减排效果最明显。但引起关注的是在政策情景 1 提高公共出行比例，限制私家汽车出行比例的情况下，HC 和 NO_x 的排放均呈现了先比基准情景下排放减少，之后又慢慢超过了基准情景的趋势。具体分析不同政策情景下 HC 污染的排放趋势，图 6－10 中发现在前期政策情景 1 提高公共交通出行比例的减排效果还比较明显，但随着公共交通出行比例逐渐增加，HC 污染物的排放增长率逐渐增加，在 2027 年后政策情景 1 带来的 HC 排放量超过了政策情景 3 降低排放强度下的污染排放量，而 2029 年以后减排效果消失，HC 的污染排放超过了基准情景。同样地，政策情景 1 下 NO_x 的排放呈现了相似的趋势，在 2025 年以后减排效果就已经消失，而且随着公共交通出行比例的不断增长，NO_x 的排放增长明显增加。进一步分析其减排效果消失的原因发现，燃烧柴油的公共汽电车产生的两种污染物排放强度相比其他交通方式的不同能源类型带来的排放强度非常高，其中柴油类型的公共汽

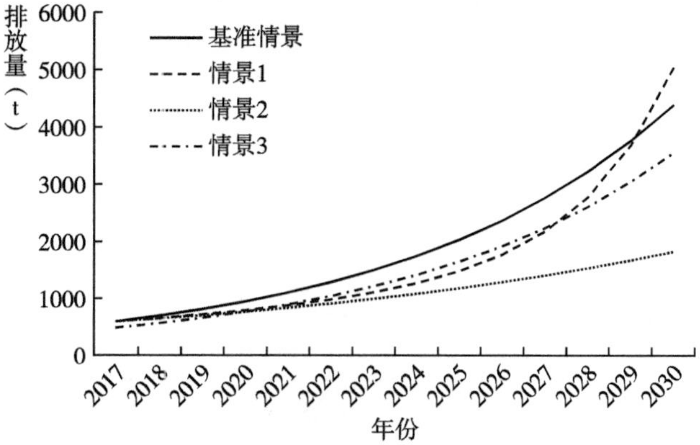

图 6-10　不同政策情景下我国城市道路交通 HC 的排放量

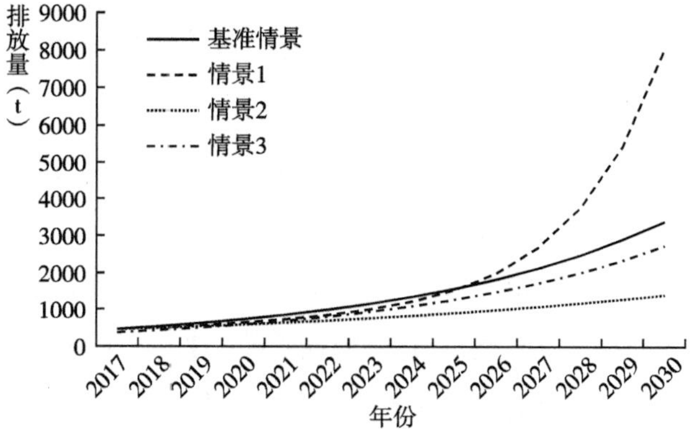

图 6-11　不同政策情景下我国城市道路交通 NO_X 的排放量

电车带来的 HC 排放强度是出租车和私家汽车排放强度的近 3 倍，而 NO_x 更高，这是使得政策情景 1 的两种污染物排放超过基准情景的主要原因，因为政策情景 1 是提高公共交通出行比例，而公共汽电车中车型结构保持不变，随着公共汽电车出行比例增加，柴油类型公共汽车承担的客运比例也随着增加，而由于柴油类型公共汽车的两种污染气体排放强度远高于其他车型，因此开始限制私家车出行带来的污染物减少量呈现了减排效果，但随着公共交通出行比例不断增加，柴油类型公共汽车带来的污染排放量将会逐渐将私家车减少的污染量抵消掉，从而出行图中超出基准情景的情况。这样的结果再次提醒，政府在大力提高公共交通出行比例的同时，要注意对城市道路交通的车型结构进行调整，逐渐降低柴油、汽油等高排放的能源类型，才会使得节能减排可持续进行。

综合以上模型结果可以得到以下结论：

（1）3 类城市道路交通政策均可以起到节能减排，防治污染排放的作用，首先调整道路交通能源类型比例，推广新能源机动车应用比例带来的节能和减排效果最明显；其次是提高公共交通出行比例，而技术进步降低百千米能耗和排放强度虽然也可以达到节能减排效果，但可能需要更长时间。

（2）3 种防治大气污染的道路交通政策均可以实现减缓有害气体的排放，但需要注意不能单纯调整交通方式出行比例，若不改变能源类型需求将会出现增加排放的负面结果。

（3）未来城市道路交通绿色发展要注意将调整交通方式出行比例和调整不同能源类型车型结构相结合，将会达到节能减排更优的效果。

6.4　本章小结

虽然通过政策脱轨效应对目前我国防治大气污染的城市道路交通政策进行评估发现，无论从整体实施效应，还是特定交通政策的特定效应来看，目前我国实施的城市道路交通——环境政策是有效的，对环境质量的提升起到积极的正向影响。但研究发现我国城市道路交通的绿色发展过程还存在很多不足和挑战，本章首先对目前我国城市道路交通绿色循环低碳发展过程中面临的挑战进行总结，主要概括为 6 点：私人汽车保有量持续快速增长，带来严重污染排放；城市道路交通行业中清洁能源使用比重偏低，能源利用效率离发达国家还有一定差距；城市道路交通基础设施建设还有待进一步完善；居民出行结构比例不合理，公共交通出行比例较低；城市轨道交通路网建设还需进一步发展；城市绿色交通监管能力薄弱。

基于以上问题，本章借鉴总结了国外发达国家和地区在城市道路交通发展过程中的成功经验，如美国在城市交通发展过程的绿色转型，波特兰市致力于发展以轻轨系统为支撑的紧凑城市交通系统；新加坡以发展综合公共交通系统的陆路交通网络为目标；日本形成了世界上最高密度的中心城轨道交通体系。这些发达国家和地区的成功发展经验均为我国城市道路交通绿色发展提供借鉴。

综合以上基础上，本章进一步基于LEAP模型，建立了城市道路交通发展模型，以我国制定的城市交通发展总体规划和要求为基础，结合发达国家和地区的成功发展经验，对我国城市道路交通的绿色发展路径进行模拟和研究。研究结果表明：调整城市道路交通结构，推进清洁能源在道路交通运输业的应用，推进技术进步降低机动车能耗和排放3种路径均可以实现节能减排，减少道路交通污染排放的发展目标。相比较而言，调整道路交通能源结构类型带来的效果更明显，未来城市道路交通绿色发展要注意将调整交通方式出行比例和调整不同能源类型车型结构相结合，将会达到节能减排更优的效果。

第7章

研究结论与政策建议

随着我国经济的持续增长，城镇化率的不断提高，人民生活水平的不断提升，城市道路交通需求得到飞速增加，与此同时也带来了日益严峻的城市空气污染问题，机动车成为我国城市空气污染的重要来源，城市道路交通部门带来的污染排放问题已经严重阻碍了我国经济发展，对人民的健康福祉产生了严重的、长期的负面影响，现已成为我国实现可持续发展目标的重大障碍。为此，我国政府积极采取了一系列政策措施防治和减缓由于道路交通带来的空气污染排放，但对于这些政策的实施效果缺乏系统评估，如何客观、系统评估不同类型的防治大气污染的城市道路交通政策实施效应是理论界和实践中都十分关注的问题。然而目前我国对于环境政策的实施并未形成统一的评估规范制度和体系，对于防治大气污染的城市道路交通政策实施效应更是缺乏系统的评估。因此，本书创新性地提出评估环境政策实施效应的新体系：政策脱轨效应，并应用此体系对我国防治大气污染的城市道路交通政策实施的整体效应，以及特定的城市道路交通—环境政策实施效应进行评估和研究。

具体而言，本书首先分析了现有的评估环境政策实施效果的思路和方法，在现有思路和方法的基础上，突破其局限性创新性地提出了可以客观、系统评估环境政策实施效果的评估理论：政策脱轨效应，为下文的政策评估提供理论支撑；其次，对我国目前为防治大气污染所采取的城市道路交通政策进行分析，并应用提出的政策脱轨效应体系对我国城市道路交通—环境政策的整体实施效应进行评估，同时选取具有代表性的特定地区的特定城市道路交通政策的实施效应进行具体定量评估；再次，考虑到城市道路交通政策的作用对象在政策实施过程中的作用，本书进一步从理论和实证不同视角分别探讨了微观主体对于不同城市道路交通政策的反应和行为决策，从而更全面评估政策实施的过程和产生的效应；之后，在以上研究基础上，总结了目前我国城市道路交通绿色发展面临的挑战，借鉴发达国家和地区的城市交通发展成功经验，对未来我国城市道路交通的绿色发展路径进行研究；最后，综合解析，总结出研究主要结论，并提出相应的政策建议。

7.1　主要研究结论

综合本书的研究，得到的主要研究结论如下：

第一，理论上环境政策的实施可能出现政策脱轨效应，政策失效；从脱轨效应角度分析，政策制定时的决策目标很大程度上影响政策实施效果。

我国近些年经济的高速发展带来了严重的大气污染问题，道路交通需求快速增加成为城市空气污染的重要原因，为防治机动车带来的城市空气污染，各部门和政府积极采取了系列或鼓励或限制的道路交通政策措施，但从全国城市环境质量来看，大气污染的问题仍旧严峻，尤其是近些年雾霾天气严重影响了城市居民的生活和工作。这不禁引入如下问题：这些道路政策措施目的就是防治大气污染，解决城市道路发展问题，政策措施的实施都达到政策效果了吗？为什么还会出现部分政策失效的问题？对此，研究创新性地提出了评估环境政策实施效应的新体系：政策脱轨效应。通过应用政策脱轨效应对环境政策的实施进行理论推导和分析，研究发现，环境政策的实施确实存在产生政策脱轨效应的可能性，政策实施效果无法达到预期目标。从微观主体视角分析，政策实施行业中的不同消费品之间的关系将会影响政策脱轨效应的产生，如替代品关系会抑制政策脱轨效应的产生，使得政策实施更容易有效，而互补品关系可能促进政策脱轨效应的产生，使政策实施更容易失效。除此之外，单位环境效益和单位产量排污因子也会影响政策脱轨效应的产生，政策实施行业中的单位环境效益越小，单位产量排污因子越大，政策的实施越不容易实现其预期目标，政策脱轨效应更容易发生。从脱轨效应角度分析，理论推导证明政策制定时的决策目标很大程度上影响政策实施效果，当以社会净福利为制定依据时，政策实施才可能会避免出现政策脱轨效应。研究结论从理论上对环境政策制定时可以进行的参考提供依据。

第二，我国现行防治大气污染的城市道路交通政策从整体上来看没有产生政策脱轨效应，政策实施有效，但需要注意的是，长期政策脱轨效应数值接近零，存在长期政策失效的风险。

研究应用提出的政策脱轨效应理论体系对我国防治大气污染的城市道路交通政策的实施效应进行了评估，定量评估结果显示我国1986—2017年防治大气污染所采取的城市道路交通政策实施的整体效应是有效的，对空气质量提升起到积极正向的作用。从定量评估的政策脱轨效应结果来看，我国防治大气污染的城市道路交通政策改善环境的效果是显著的，狭义政策脱轨效应评估数值为-0.4105，表示政策实施并未产生政策脱轨效应，政策实施不仅达到了环境治理目标，且效果超出制定目标。

但需要注意的是，从长期来看，估计出的狭义政策脱轨效应数值变大为-0.246，这意味着长期来看污染排放减少量将会逐渐下降，有可能出现政策脱轨效应等于或者大于零的情况，即政策的实施长期来看有可能出现脱轨效应，政策实施无效，这说明长期政策有失效的风险，需要引起政府的关注和重视。

第三，选取的具有代表性特定城市道路交通—环境政策也没有产生政策脱轨效应，政策实施有效，对城市空气质量提升起到积极的正向作用。

研究选取了交通运输部实施的“绿色交通试点城市项目”作为代表性特定城市道路交通政策，此项目的实施基本涵盖了目前我国城市道路交通所采取的主要防治大气污染政策。从定量评估结果来看，此类政策的实施有效改善了试点城市的空气质量，减少了城市道路交通的主要污染排放物，政策的实施是显著有效的。当试点项目实施后试点城市中的SO_2年均浓度下降了10.71%，NO_2的年均浓度下降了11.26%，PM_{10}的年均浓度下降9.85%，且均在统计意义上显著。

第四，理论上微观主体发挥其主观能动性，会对提升环境质量起到正向促进作用，而且，随着时间的推移，微观主体环保意识的提升将会比强制性城市道路交通政策表现出更多的优势。

考虑到城市道路交通政策实施的复杂性，微观主体对于政策实施后的反应和行为决策将会很大程度地影响政策实施效果。研究建立理论模型，从环境质量和社会福利视角分析，微观主体在环境保护政策实施过程中起到了很重要的作用，发挥微观主体的主观能动性可以对环境质量的提升起到积极正向作用。而且通过和环境税这类强制性城市道路交通政策相比，提高微观主体的环保意识表现出更长远的优势，长期来看发挥微观主体的环保主动性可以带来更少的社会福利损害，而且随着微观主体环保意识的不断提升，社会净福利将会得到持续的增长。

第五，微观主体如居民和企业对城市道路交通政策的反应和行为决策将会影响城市道路交通带来的污染排放，产生环境和社会福利效应。

微观主体在面对城市道路交通政策时所采取的实际行为决策将会影响城市道路交通带来的环境和社会福利效应。模拟仿真结果显示，居民和企业的不同交通行为选择将会影响城市道路交通的污染排放，城市道路交通的绿色发展是可以在不损害居民交通需求基础上实现的。研究结论提示政府在防治城市道路交通带来的环境污染时，需要全面综合考虑微观主体在其中的作用和影响，使得政策在制定时有据可依，政策实施过程中尽可能避免出现政策脱轨效应。

第六，调整城市道路交通结构，推进清洁能源在城市道路运输行业的应用，技术进步将成为未来我国城市道路交通绿色发展的主要路径。

结合发达国家和地区的成功城市交通发展经验，对我国城市道路交通的绿色发展路径进行模拟和研究。研究发现，调整城市道路交通结构、推进清洁能源在道路交通运输业的应用、推进技术进步降低机动车能耗和排放 3 种路径均可以实现节能减排，减少道路交通污染排放的发展目标，相比较调整道路交通能源结构类型带来的效果更明显，未来城市道路交通绿色发展要注意将调整交通方式出行比例和调整不同能源类型车型结构相结合，将会达到节能减排更优的效果。

7.2 主要政策启示

面对日益增长的交通需求以及机动车带来的严峻污染排放问题，我国政府已经将城市交通绿色发展提升到战略发展层面，但防治城市交通带来的污染问题，不仅限于环境质量的提升，还需考虑满足人民日益增长的多方位需求，这必将是一项系统性的长期事业。本书根据目前我国城市道路交通发展现状，结合研究得到的主要结论，提出以下几点主要的政策启示：

第一，为预防和避免城市交通绿色发展政策实施出现政策脱轨效应，政策制定者应综合考虑各层面的目标，政策不仅要实现环境收益目标，还要考虑社会（净）福利目标。

城市交通发展不是孤立的，是需要各部门配合，多主体参与的系统工程，政策制定时便要考虑到政策实施可能出现政策脱轨效应的各种因素，从而在制定时就尽可能防患于未然。另外城市交通的绿色发展不能为了追求环境收益，而损失其他方面利益，如损害微观主体的交通需求。通过第 3 章的研究发现，当政策制定时单纯以环境提升为目标时，理论上政策实施必然会出现脱轨效应，只有在以社会净福利为政策目标，即综合考虑各方利益时政策实施才可能避免出现政策脱轨效应，因此政策制定时政策实施预期达到的目标不能太片面，要力求以社会净福利为实施目标，即将环境损失纳入政策目标考量。

第二，城市交通发展的环境政策实施过程中要注意及时评估和监测，避免出现短期政策有效，中长期政策实施出现政策脱轨效应的局面。

城市交通的绿色发展将是未来我国城市建设长期贯穿的理念和战略，政府在制定相关政策时要考虑其发挥的时效性，一项环境政策从制定到落实需要很高的人力、物力等成本，因此政策的实施要保证其具有可持续性，不能只是一时发挥作用。通过第 4 章的研究，我们发现我国目前的防治大气污染的城市道路交通政策实施长期存在出现政策失效的风险，因此提示我们在政策实施过程中，政府还应注意对政策实施进行适时的监管，避免出现政策制定出来但没有落实，或一些政策在短期表现出较好的作用，但中长期由于各因素的变化使得政策实施出现脱轨效应，政策失效。

第三，充分认识到微观主体在城市道路交通绿色发展过程中的作用，这是制定科学、合理、可行的城市道路交通政策必不可少的重要一环。

微观主体作为城市交通绿色发展的切实参与者和享受者，其对于不同政策的参与和行为决策在城市交通政策实施过程中发挥着重要的作用。本书第 5 章从理论和实证角度均证明了微观主体在城市道路交通政策实施过程中的重要影响，倘若不考虑微观主体对于政策的态度和反应，政策实施很容易出现政策脱轨效应，政策失效。因此，考虑微观主体的交通需求和利益诉求，直接关系到城市道路交通政策制定和实施的有效性，这也是在评估城市道路交通政策过程中至关重要的。

第四，我国构建城市绿色交通体系应体现“绿色”的城市结构，“绿色”的交通模式和“绿色”的人文思想。

构建城市绿色交通体系不仅是交通运输业的任务，而且需要城市管理的各部门协同合作，因此，发展城市绿色交通首先要从整体上对城市布局、土地利用和交通规划等各方面进行综合考虑，不同的城市结构将会产生相应的交通模式，而紧凑的、功能复合的宜居城市将会减少交通流量，为构建城市绿色交通体系提供根本保证，可以更多地向新加坡、日本等发达国家借鉴经验。另外，随着我国城镇化的不断加快，要注意“绿色”交通模式的构建，如建立便捷、舒适的公共交通网络，注重自行车和步行空间的发展，重视不同交通模式之间的衔接和协调等。最后，要始终坚持以人为本的绿色交通发展理念，在满足交通需求基础上，实现方便、舒适、高效等目标。

7.3　进一步研究方向

尽管本书对我国防治大气污染的城市道路交通政策实施效果评估进行了深入的理论和实证分析，得到了一些有价值的结论和政策启示，但是仍旧无法实现理论和现实的完美统一，还需进一步在此领域进行长期深入的研究。

第一，本书创新地提出了全新的评估环境政策的理论体系：政策脱轨效应，虽然从理论和建模两方面均对此体系进行了分析和验证，弥补了现有评估思路和方法的一些不足，但还需要在实践应用中进一步完善和验证其实用性，尤其是对于如何准确识别政策带来的环境效应将是未来有待开展的重要研究方向。

第二，本书初步尝试应用政策脱轨效应体系对我国防治大气污染的城市道路交通政策实施效应进行评估，但限于理论和实践的差距，研究在评估时选取的实证模型均有其局限性，因此，进一步尝试应用多元的实证模型进行定量评估，将是研究进一步拓展的方向。

第三，研究中的理论建模和实证分析，都不可避免地赋予了一些假设条件，如应用政策脱轨效应对我国主要的环境政策进行评估时，以及探究微观主体环保意识在政策实施过程中的作用时，主要在双寡占市场中进行分析，拓展到其他市场中进行进一步研究是未来值得深入的研究方向。

第四，研究虽然证实我国防治大气污染的城市道路交通政策实施是有效的，同时探讨了未来我国城市道路交通的绿色发展路径，但现有的政策是否还有进一步改进和优化的空间，如何使得政策实施不产生政策脱轨效应，这将是未来有待开展的重要研究方向。

参考文献

[1] 包群，邵敏，杨大利．环境管制抑制了污染排放吗？[J]．经济研究，2013，48 (12)：42 - 54.

[2] 蔡春光，郑晓瑛．北京市空气污染健康损失的支付意愿研究 [J]．经济科学，2007 (1)：107 - 115.

[3] 蔡旭晖，张睿，宋宇，等．北京地区大气 PM_{10} 和 SO_2 的背景浓度分析 [J]．气候与环境研究，2004，9 (3)：445 - 453.

[4] 曾贤刚，蒋妍．空气污染健康损失中统计生命价值评估研究 [J]．中国环境科学，2010，30 (2)：284 - 288.

[5] 陈仁杰，陈秉衡，阚海东．我国 113 个城市大气颗粒物污染的健康经济学评价 [J]．中国环境科学，2010，30 (3)：410 - 415.

[6] 陈素梅，何凌云．环境、健康与经济增长：最优能源税收入分配研究 [J]．经济研究，2017，52 (4)：120 - 134.

[7] 成官文，梁斌，梁凌，等．柳州市区交通与机动车污染排放研究 [J]．环境科学与技术，2009，32 (7)：103 - 106.

[8] 崔璨，雷黎，邓小惠，等．交通政策对交通环境承载力的影响研究——基于交通环境污染承载力的动态计量模型 [J]．交通标准化，2009 (24)：84 - 87.

[9] 樊守彬，张东旭，田灵娣，等．北京市交通扬尘 $PM_{2.5}$ 排放清单及空间分布特征 [J]．环境科学研究，2016，29 (1)：20 - 28.

[10] 范庆泉，张同斌．中国经济增长路径上的环境规制政策与污染治理机制研究 [J]．世界经济，2018，41 (8)：171 - 192.

［11］范庆泉，周县华，张同斌．动态环境税外部性、污染累积路径与长期经济增长——兼论环境税的开征时点选择问题［J］．经济研究，2016，51（8）：116－128.

［12］高颖，李善同．征收能源消费税对社会经济与能源环境的影响分析［J］．中国人口·资源与环境，2009，19（2）：30－35.

［13］郭秀锐，刘芳熙，符立伟，等．基于LEAP模型的京津冀地区道路交通节能减排情景预测［J］．北京工业大学学报，2017，43（11）：1743－1749.

［14］国家环境经济政策研究与试点项目技术组，董战峰，李红祥，等．国家环境经济政策进展评估：2015［J］．中国环境管理，2016，8（3）：9－13.

［15］国家环境经济政策研究与试点项目技术组，王金南，董战峰，等．国家环境经济政策进展评估报告：2017［J］．中国环境管理，2018，10（2）：14－18.

［16］国家环境经济政策研究与试点项目技术组，王金南，董战峰，等．国家环境经济政策进展评估：2016［J］．中国环境管理，2017，9（2）：9－13.

［17］韩笋生．新加坡地铁建设决策的过程与启示［J］．城市观察，2011（1）：86－93.

［18］韩天雯，杜建国．价值观、环保意识与消费者绿色购买行为关系研究［J］．商业时代，2014（10）：14－15.

［19］何吉成，李耀增．1975—2005年中国铁路机车的CO_2排放量［J］．气候变化研究进展，2010，6（1）：35－39.

［20］何吉成．1960—2009年中国民航飞机的CO_2逐年排放变化［J］．气候变化研究进展，2011，7（4）：281－287.

［21］何吉成．基于车流量的京哈高速公路车辆大气污染物排放［J］．生态科学，2015，34（1）：156－159.

［22］洪永淼．提倡定量评估社会经济政策，建设中国特色新型经济学智库［J］．经济研究，2015，50（12）：19－22.

［23］柯水发，王亚，陈奕钢，等．北京市交通运输业碳排放及减排情景分析［J］．中国人口·资源与环境，2015，25（6）：81－88.

［24］李钢，董敏杰，沈可挺．强化环境管制政策对中国经济的影响——基于 CGE 模型的评估［J］．中国工业经济，2012（11）：5－17.

［25］李树，陈刚．环境管制与生产率增长——以 APPCL2000 的修订为例［J］．经济研究，2013，48（1）：17－31.

［26］李涛，石磊，马中．环境税开征背景下我国污水排污费政策分析与评估［J］．中央财经大学学报，2016（9）：20－28.

［27］李香菊，贺娜．地区竞争下环境税对企业绿色技术创新的影响研究［J］．中国人口·资源与环境，2019，28（9）：73－81.

［28］李勇，李振宇，江玉林，等．借鉴国际经验探讨城市交通治污减霾策略［J］．环境保护，2014，42（2）：75－77.

［29］李志青，陈依佳，邓凡，等．广东省环境经济政策评估分析：2015—2016［J］．中国环境管理，2017，9（2）：57－62.

［30］林惠凤，刘某承，洪传春，等．中国农业面源污染防治政策体系评估［J］．环境污染与防治，2015，37（5）：90－95＋109.

［31］林瑜，叶芝祥，杨怀金，等．成都市中心城区大气 PM_1 的污染特征及来源解析［J］．中国环境科学，2017，37（9）：3220－3226.

［32］罗柳红，张征．关于环境政策评估的若干思考［J］．北京林业大学学报（社会科学版），2010，9（1）：123－126.

［33］罗巧灵，David Martineau. 美国交通政策“绿色”转型、实践及其启示［J］．规划师，2010，26（9）：5－10.

［34］马静，柴彦威，刘志林．基于居民出行行为的北京市交通碳排放影响机理［J］．地理学报，2011，66（8）：1023－1032.

［35］孟平．美国排污权交易——理论、实践以及对中国的启示［D］．上海：复旦大学，2010.

［36］苗国强，杨忠振．环境承载力约束下城市交通政策的节能减排效果评价研究［J］．贵州大学学报（自然科学版），2016，33（1）：127－131.

［37］Pascal Poudenx，邵玲．城市交通政策对能耗和温室气体排放的影响［J］．城市交通，2011，9（5）：86－94.

[38] 彭希哲，田文华．上海市空气污染疾病经济损失的意愿支付研究 [J]．世界经济文汇，2003 (2)：32 -44.

[39] 平措．我国城市大气污染现状及综合防治对策 [J]．环境科学与管理，2006，31 (1)：18 -21.

[40] 沙永杰，陈琬婷，纪雁．新加坡社区（社会凝聚力）建设 [J]．上海城市规划，2016 (5)：71 -79.

[41] 沙永杰．新加坡公共住宅的发展历程和设计理念 [J]．时代建筑，2011 (4)：42 -49.

[42] 宋国君，金书秦．淮河流域水环境保护政策评估 [J]．环境污染与防治，2008 (4)：78 -82.

[43] 宋国君，马中，姜妮．环境政策评估及对中国环境保护的意义 [J]．环境保护，2003 (12)：34 -37 +57.

[44] 宋国君，钱文涛，马本，等．中国酸雨控制政策初步评估研究 [J]．中国人口·资源与环境，2013，23 (1)：6 -12.

[45] 宋马林，金培振．地方保护、资源错配与环境福利绩效 [J]．经济研究，2016，51 (12)：47 -61.

[46] 苏城元，陆键，徐萍．城市交通碳排放分析及交通低碳发展模式——以上海为例 [J]．公路交通科技，2012，29 (3)：142 -148.

[47] 孙启鹏，高怡，马飞，等．基于 LEAP 和综合集成赋权的城市低碳交通政策选择方法 [J]．中国公路学报，2014，27 (8)：105 -111 +119.

[48] 陶志梅，阮婷．基于系统动力学的城市交通拥堵问题治理研究——以天津市机动车尾号限行政策为例 [J]．西北师范大学学报（自然科学版），2018，54 (2)：108 -113.

[49] 涂正革，谌仁俊．排污权交易机制在中国能否实现波特效应? [J]．经济研究，2015，50 (7)：160 -173.

[50] 王波，张海霞．广州市低碳交通发展策略研究 [J]．城市交通，2018，16 (4)：74 -80.

[51] 王财玉，吴波．时间参照对绿色消费的影响：环保意识和产品环境

怀疑的调节作用［J］．心理科学，2018（3）：621－626.

［52］王德发．能源税征收的劳动替代效应实证研究——基于上海市2002年大气污染的CGE模型的试算［J］．财经研究，2006（2）：98－105.

［53］王志高，王江燕，何东全．公交优先政策对CO_2排放的影响评估［J］．城市交通，2011，9（4）：12－20＋60.

［54］魏巍贤．基于CGE模型的中国能源环境政策分析［J］．统计研究，2009，26（7）：3－13.

［55］魏贤鹏，朝鲁，战秋艳，等．基于系统动力学的城市道路交通污染控制问题研究［J］．数学的实践与认识，2017，47（23）：117－126.

［56］吴丹，辛金元，孙扬，等．2008年奥运期间华北区域大气污染物本底浓度变化与分析［J］．环境科学，2010，31（5）：1130－1138.

［57］吴开亚，何彩虹，王桂新，等．上海市交通能源消费碳排放的测算与分解分析［J］．经济地理，2012，32（11）：45－51.

［58］肖翠翠，冯相昭．我国淘汰高排放车辆政策评估——以北京为例［J］．环境工程，2016，34（9）：140－143＋147.

［59］肖俊极，孙洁．消费税和燃油税的有效性比较分析［J］．经济学（季刊），2012，11（4）：1345－1364.

［60］徐昔保，陈爽，杨桂山．长三角地区城市居民出行交通碳排放特征与影响机理［J］．长江流域资源与环境，2014，23（8）：1064－1071.

［61］薛澜，刘冰，戚淑芳．能源回弹效应的研究进展及其政策涵义［J］．中国人口·资源与环境，2011，21（10）：55－59.

［62］闫文娟，郭树龙．中国二氧化硫排污权交易会减弱污染排放强度吗？——基于双倍差分法的经验研究［J］．上海经济研究，2012，24（6）：76－83.

［63］严亚丹，过秀成，孔哲，等．新加坡城市综合公共交通系统［J］．现代城市研究，2012，27（4）：65－71.

［64］杨宏伟，宛悦，增井利彦．可计算一般均衡模型的建立及其在评价空气污染健康效应对国民经济影响中的应用［J］．环境与健康杂志，2005

(3)：166－170.

［65］杨华磊，温兴春，何凌云．出生高峰、人口结构与住房市场［J］．人口研究，2015，39（3）：87－99.

［66］杨岚，毛显强，刘琴，等．基于CGE模型的能源税政策影响分析［J］．中国人口·资源与环境，2009，19（2）：24－29.

［67］杨柳，韩兆兴，林洁，等．基于LEAP的北京城市客运体系CO_2减排潜力评估［J］．北京师范大学学报（自然科学版），2015（2）：164－170.

［68］伊文婧，朱跃中，田智宇．我国交通运输部门重塑能源的潜力路径和实施效果［J］．中国能源，2017，39（1）：32－35＋47.

［69］易如，张世秋，谢旭轩，等．北京市机动车尾号限行和油价上调政策效果比较［J］．中国人口·资源与环境，2011，21（S2）：108－112.

［70］於方，过孝民，张衍燊，等．2004年中国大气污染造成的健康经济损失评估［J］．环境与健康杂志，2007（12）：999－1003.

［71］于汐，唐彦东，刘春平，等．灾害生命价值评估理论研究［J］．中国安全科学学报，2009，19（12）：17－22.

［72］张清，陶小马，杨鹏．特大型城市客运交通碳排放与减排对策研究［J］．中国人口·资源与环境，2012，22（1）：35－42.

［73］张秀媛，杨新苗，闫琰．城市交通能耗和碳排放统计测算方法研究［J］．中国软科学，2014（6）：142－150.

［74］赵敏，张卫国，俞立中．上海市居民出行方式与城市交通CO_2排放及减排对策［J］．环境科学研究，2009，22（6）：747－752.

［75］郑丽琳，朱启贵．技术冲击、二氧化碳排放与中国经济波动——基于DSGE模型的数值模拟［J］．财经研究，2012，38（7）：37－48＋100.

［76］周健．基于LEAP模型的厦门交通能耗及大气污染物排放分析［J］．环境科学与技术，2011，34（11）：164－170.

［77］周黎安，陈烨．中国农村税费改革的政策效果：基于双重差分模型的估计［J］．经济研究，2005（8）：44－53.

［78］朱建安，戴帅．城市交通限行需求管理措施实践评述［J］．交通

标准化，2014，42（21）：33－39.

［79］Akinboade O A，Ziramba E，Kumo W L. The Demand for Gasoline in South Africa：An Empirical Analysis Using Co－Integration Techniques［J］. Energy Economics，2008，30（6）：3222－3229.

［80］Alford，W. P.，Shen，Y. Limits of The Law in Addressing China's Environmental Dilemma［J］. Stan. Envtl. L. J，1997（99）：49－54.

［81］Alves，D. C. O. Short－Run，Long－Run and Cross Elasticities of Gasoline Demand in Brazil［J］. Energy Economics，2003，25（2）：191－199.

［82］Andersson，H.，Hoff，A.，Christiansen，M.，et al. Industrial Aspects and Literature Survey：Combined Inventory Management and Routing［J］. Computers and Operations Research，2010，37（9）：1515－1536.

［83］Ashenfelter，O. Estimating The Effect of Training Programs on Earnings［J］. Review of Economics and Statistics. 1978（60）：47－57.

［84］Babiker，M. H.，Metcalf，G. E.，Reilly，J. A Note on Weak Double Dividends［J］. Topics in Economic Analysis and Policy，2003a（4）：1275－1275.

［85］Bruce G.，S. Raghavan，Edward W. The Vehicle Routing Problem：Latest Advances and New Challenges［M］. Springer New York，NY，2008.

［86］Barcena－Ruiz，J. C.，Garzon，M. B. Mixed Oligopoly and Environmental Policy［J］. Spanish Economic Review，2006（8）：139－160.

［87］Barla，P.，Lamonde，B.，Miranda－Moreno，L. F. Traveled Distance，Stock and Fuel Efficiency of Private Vehicles in Canada：Price Elasticities and Rebound Effect［J］. Transportation，2009，36（4）：389－402.

［88］Barth，M.，Boriboonsomsin，K. Real－World Carbon Dioxide Impacts of Traffic Congestion［J］. Transportation Research Record：Journal of Transportation Research Board，2008，2058（1）：163－171.

［89］Beelen，R.，Hoek，G.，Van Den Brandt，P. A.，et al. Long－Term Exposure to Traffic－Related Air Pollution and Lung Cancer Risk［J］. Epidemiology，2008（19）：702－710.

［90］Bell，M.，Davis，D.，Cifuentes，L.，et al. Ancillary Human Health Benefits of Improved Air Quality Resulting from Climate Change Mitigation [J] . Environmental Health, 2008 (7): 41.

[91] Bell, M. L. , Ebisu, K. , Peng, R. D. , et al. Seasonal and Regional Short - Term Effects of Fine Particles on Hospital Admissions in 202 U. S. Counties, 1999—2005 [J] . American Journal of Epidemiology, 2008, 168 (11): 1301 - 1310.

[92] Berkhout, P. H. G. , Muskens, J. C. , Velthuijsen, J. W. Defining The Rebound Effect [J] . Energy Policy, 2000, 28 (6): 425 - 432.

[93] Bertrand, M. , Duflo, E. , Mullainathan, S. How Much Should We Trust Differences - in - Differences Estimates? [J] . Social Science Electronic Publishing. 2004 (119), 249 - 275.

[94] Blundell, R. , Dias, M. C. , Meghir, C. , et al. Evaluating The Employment Impact of A Mandatory Job Search Program [J] . Jounal of European Economic Association. 2004 (2): 569 - 606.

[95] Blundell, R. , Duncan, A. , Meghir, C. Estimating Labor Supply Responses Using Tax Reforms [J] . Econometrica, 1998 (66): 827 - 861.

[96] Brcena - Ruiz, J. C. , Garzn, M. B. Mixed Oligopoly and Environmental Policy [J] . Spanish Economic Review, 2006 (8): 139 - 160.

[97] Brunekreef, B. , Beelen, R. , Hoek, G. , et al. Effects of Long - Term Exposure to Traffic - Related Air Pollution on Respiratory and Cardiovascular Mortality in The Netherlands: The NLCS - AIR Study [J] . Research Report (Health Effects Institute), 2009 (139): 5 - 71.

[98] Card, D. The Impact of The Mariel Boatlift on The Miami Labor Market [J] . Industrial and Labor Relations Review. 1990 (43): 245 - 257.

[99] Chan, C. K. , Yao, X. Air Pollution in Megacities in China [J] . Atmospheric Environment, 2008, 42 (1): 1 - 42.

[100] Chen, R. J. , Chen, B. H. , Kan, H. D. A Health - Based Economic Assessment of Particulate Air Pollution in 113 Chinese Cities [J] . China Environmental Science, 2010, 30 (3): 410 - 415.

[101] Chen, S. M. , He, L. Y. Welfare Loss of China's Air Pollution: How to

Make Personal Vehicle Transportation Policy [J]. China Economic Review, 2014 (31): 106-118.

[102] Creutzig, F., He, D. Climate Change Mitigation and Co-Benefits of Feasible Transport Demand Policies in Beijing [J]. Transportation Research Part D: Transport and Environment, 2009, 14 (2): 120-131.

[103] Crocker, T. D. Externalities, Property Rights, and Transactions Costs: An Empirical Study [J]. Journal of Law & Economics, 1971, 14 (2): 451-464.

[104] Dab, W., Medina, S., QuÉnel, P., et al. Short Term Respiratory Health Effects of Ambient Air Pollution: Results of The APHEA Project in Paris [J]. Journal of Epidemiology and Community Health, 1996, 50 Suppl 1 (2): S42.

[105] Duflo, E. Schooling and Labor Market Consequences of School Construction in Indonesia: Evidence from An Unusual Policy Experiment [J]. American Economic Review. 2000 (91): 795-813.

[106] Eamonn, M., Jacopo, T., Kalai, R., et al. The Cost of Electrifying Private Transport Evidence from An Empirical Consumer Choice Model of Ireland and Denmark [J]. Transportation Research Part D: Transport and Environment, 2018 (62): 584-603.

[107] Falk, I., Mendelsohn, R. The Economics of Controlling Stock Pollutants: An Efficient Strategy for Greenhouse Gases [J]. Journal of Environmental Economics and Management, 1993 (25): 76-88.

[108] Fisher, M. L., Jaikumar, R. A Generalized Assignment Heuristic for Vehicle Routing [J]. Network, 2006, 11 (2): 109-124.

[109] Fraja, G. De, Delbono, F. Alternatives Strategies of A Public Enterprise in Oligopoly [J]. Oxford Economic Papers, 1989 (41): 302-311.

[110] Fukiharu, T. The Global Warming, Sustainability, and Environmental Tax: Dynamic General Equilibrium Model [J]. Environmental Software Systems Frameworks of Environment, 2017 (359): 566-573.

[111] Galan, I. Short-Term Effects of Air Pollution on Daily Asthma Emergency Room Admissions [J]. European Respiratory Journal. 2003, 22 (5): 802-808.

[112] Galiani, S., Gertler, P., Schargrodsky, E. Water for Life: The Impact of The Privatization of Water Services on Child Mortality [J]. Journal of Political Economic. 2005 (113): 83 – 120.

[113] Gheysens, F., Golden, B., Assad, A. A Comparison of Techniques for Solving The Fleet Size and Mix Vehicle Routing Problem [J]. Operations – Research – Spektrum, 1984, 6 (4): 207 – 216.

[114] Golden, B., Assad, A., Levy, L., et al. The Fleet Size and Mix Vehicle Routing Problem [J]. Computers and Operations Research, 1984, 11 (1): 49 – 66.

[115] Grabow, M. L., Spak, S. N., Tracey, H., et al. Air Quality and Exercise – Related Health Benefits from Reduced Car Travel in The Midwestern United States [J]. Environmental Health Perspectives, 2011, 120 (1): 68 – 76.

[116] Greene, D. L. Rebound 2007: Analysis of U. S. Light – Duty Vehicle Travel Statistics [J]. Energy Policy, 2012, 41 (1): 14 – 28.

[117] Greene, W. H. Econometric Analysis [M]. Pearson Education, State of New Jersey, 2017.

[118] Guo, X. R., Cheng, S. Y., Chen, D. S., et al. Estimation of Economic Costs of Particulate Air Pollution from Road Transport in China [J]. Atmospheric Environment, 2010, 44 (28): 3369 – 3377.

[119] Guo, Y., Tong, S., Zhang, Y. A., et al. The Relationship between Particulate Air Pollution and Emergency Hospital Visits for Hypertension in Beijing, China [J]. Science of The Total Environment, 2010, 408 (20): 4446 – 4450.

[120] Hammitt, J. K., Zhou, Y. The Economic Value of Air – Pollution – Related Health Risks in China: A Contingent Valuation Study [J]. Environmental and Resource Economics, 2006, 33 (3): 399 – 423.

[121] Hao, J. M., Wang, L. T. Improving Urban Air Quality in China: Beijing Case Study [J]. Journal of The Air & Waste Management Association, 2005, 55 (9): 1298 – 1305.

[122] Hass, J. E., Dales, J. H. Pollution, Property and Prices [M]. Toronto: University of Toronto P, 1968.

[123] He, L. Y., Chen, Y. Thou Shalt Drive Electric and Hybrid Vehicles: Scenario Analysis on Energy Saving and Emission Mitigation for The Road Transportation Sector in China [J]. Transport Policy, 2013 (25), 30 - 40.

[124] He, L. Y., Ou, J. J. Taxing Sulphur Dioxide Emissions: A Policy Evaluation from Public Health Perspective in China [J]. Energy and Environment 2016 (27): 755 - 764.

[125] He, L. Y., Qiu, L. Y. Transport Demand, Harmful Emissions, Environment and Health Co - Benefits in China [J]. Energy Policy, 2016 (97): 267 - 275.

[126] Hoek, G., Brunekreef, B., Goldbohm, S., et al. Association between Mortality and Indicators of Traffic - Related Air Pollution in The Netherlands: A Cohort Study [J]. The Lancet, 2002 (360): 1203 - 1209.

[127] Hossein, S., Rouhollah, G., Vahid, H., et al. Investigating The Influence of Traffic Emission Reduction Plans on Tehran Air Quality Using WRF/Camx Modeling Tools [J]. Transportation Research Part D: Transport and Environment, 2017 (57): 484 - 495.

[128] Hu, X., Chang, S., Li, J. Energy for Sustainable Road Transportation in China: Challenges, Initiatives and Policy Implications [J]. Energy, 2010, 35 (11): 4289 - 4301.

[129] Ji, H., Hayashi, Y. Assessment of Private Car Stock and Its Environmental Impacts in China from 2000 to 2020 [J]. Transportation Research Part D: Transport and Environment, 2008, 13 (7): 471 - 478.

[130] Jiang, S. Y., Chung, J. Y., Kim, Y. G. Effects of Environmentally Friendly Perceptions on Customers' Intentions to Visit Environmentally Friendly Restaurants: An Extended Theory of Planned Behavior [J]. Asia Pacific Journal of Tourism Research, 2015, 20 (6): 599 - 618.

[131] Kato, K. Can Allowing to Trade Permits Enhance Welfare in Mixed Oligopoly? [J]. Journal of Economics, 2006 (88): 263 - 283.

[132] Kebin, H., Huo, H., Zhang, Q., et al. Oil Consumption and CO Emissions in China's Road Transport: Current Status, Future Trends, and Policy Implica-

tions [J] . Energy Policy, 2005, 33 (12): 1499 - 1507.

[133] Khazzoom, J. D. Economic Implications of Mandated Efficiency in Standards for Household Appliances [J] . Energy Journal, 1980, 1 (4): 21 - 40.

[134] Ko, F. W. S. , Tam, W. , Wong, T. W. , et al. Effects of Air Pollution on Asthma Hospitalization Rates in Different Age Groups in Hong Kong [J] . Clinical and Experimental Allergy, 2007, 37 (9): 1312 - 1319.

[135] Kunzli, N. , Kaiser, R. , Medina, S. , et al. Public - Health Impact of Outdoor and Traffic - Related Air Pollution: An European Assessment [J] . The Lancet, 2000 (356): 795 - 801.

[136] Lan, J. , Munro, A. Environmental Regulatory Stringency and The Market for Abatement Goods and Services in China [J] . Grips Discussion Papers, 2014 (14): 105 - 123.

[137] Land Transport Authority. Land Transport Master Plan 2013 [M] . Singapore: Land Transport Authority, 2013.

[138] Lester, R. A. Shortcomings of Marginal Analysis for Wage - Employment Problems [J] . American Economic Review. 1946 (36): 63 - 82.

[139] Li, S. J. Better Lucky Than Rich? Welfare Analysis of Automobile Licence Allocations in Beijing and Shanghai [J] . The Review of Economic Studies, 2017, 85 (4): 2389 - 2428.

[140] Li, S. J. , Laxminarayan, R. Are Physicians'Prescribing Decisions Sensitive to Drug Prices? Evidence from A Free - Antibiotics Program [J] . Health Economic. 2015 (24): 158 - 174.

[141] Lin, X. Y. , Elder, M. Major Developments in China's National Air Pollution Policies in The Early 12th Five - Year Plan [M] . Institute for Global Environmental Strategies (IGES): Hayama, Japan, 2013.

[142] Lindsay, G. , Macmillan, A. , Woodward, A. Moving Urban Trips from Cars to Bicycles: Impact on Health and Emissions [J] . Australian and New Zealand Journal of Public Health, 2011, 35 (1): 54 - 60.

[143] Liu, Z. Y. , Li, R. M. , Wang, X. K. , et al. Effects of Vehicle Restriction

Policies: Analysis Using License Plate Recognition Data in Langfang, China [J]. Transportation Research Part A: Policy and Practice, 2018 (118): 89 - 103.

[144] Loo, B. P. Y., Li, L. Carbon Dioxide Emissions from Passenger Transport in China Since 1949: Implications for Developing Sustainable Transport [J]. Energy Policy, 2012, 50 (6): 464 - 476.

[145] Millman, A., Tang, D. L., Perera, F. P. Air Pollution Threatens The Health of Children in China [J]. Pediatrics, 2008, 122 (3): 620 - 628.

[146] Mirhedayatian, S. M., Yan, S. A Framework to Evaluate Policy Options for Supporting Electric Vehicles in Urban Freight Transport [J]. Transportation Research Part D: Transport and Environment, 2018 (58): 22 - 38.

[147] Moser, P., Voena, A. Compulsory Licensing: Evidence from The Trading With The Enemy Act [J]. American Economic Reviw. 2012 (102): 396 - 427.

[148] Odeck, J., Johansen, K. Elasticities of Fuel and Traffic Demand and The Direct Rebound Effects: An Econometric Estimation in The Case of Norway [J]. Transportation Research Part A Policy and Practice, 2016 (83): 1 - 13.

[149] Ostro, B. Outdoor Air Pollution: Assessing The Environmental Burden of Disease At National and Local Levels [M]. Geneva, World Health Organization, 2004.

[150] Parry, I. W. H. Pollution Taxes and Revenue Recycling [J]. Journal of Environmental Economics and Management, 1995, 29 (3): S64 - S77.

[151] Pearce, D. The Role of Carbon Taxes in Adjusting to Global Warming [J]. The Economic Journal, 1991, 101 (407): 938 - 948.

[152] Pope, C. A., Dockery, D. W. Health Effects of Fine Particulate Air Pollution: Lines That Connect [J]. Air Repair, 2006, 56 (6): 707 - 708.

[153] Qiu, L. Y., He, L. Y. Are Chinese Transport Policies Effective? A New Perspective from Direct Pollution Rebound Effect, and Empirical Evidence from Road Transport Sector [J]. Sustainability, 2017, 9 (3): 429.

[154] Qiu, L. Y., He, L. Y. Bike Sharing and The Economy, The Environment, and Health - Related Externalities [J]. Sustainability, 2018, 10 (4): 1145.

[155] Qiu, L. Y., He, L. Y. Can Green Traffic Policies Affect Air Quality? Evi-

dence from A Difference in Difference Estimation in China [J]. Sustainability, 2017, 9 (6): 1067.

[156] Samet, J. M. Traffic, Air Pollution, and Health [J]. Inhalation Toxicology, 2007 (19): 1021-1027.

[157] Schwartz, J., Repetto, R. Nonseparable Utility and The Double Dividend Debate: Reconsidering The Tax-Interaction Effect [J]. Environmental and Resource Economics, 2000, 15 (2): 149-157.

[158] Sene, S. O. Estimating The Demand for Gasoline in Developing Countries: Senegal [J]. Energy Economics, 2012, 34 (1): 189-194.

[159] Shang, Y., Sun, Z., Cao, J., et al. Systematic Review of Chinese Studies of Short-Term Exposure to Air Pollution and Daily Mortality [J]. Environment International, 2013 (54): 100-111.

[160] Shen, Z. X., Han, Y. M., Cao, J. J., et al. Characteristics of Traffic-Related Emissions: A Case Study in Roadside Ambient Air Over Xi'an, China [J]. Aerosol Air Qual. Res, 2010, 10 (3): 292-300.

[161] Shin, L. Transport Policies, Induced Traffic and Their Influence on Vehicle Emissions in Developed and Developing Countries [J]. Energy Policy, 2018 (121): 264-274.

[162] Singh, B., Strømman, A. H. Environmental Assessment of Electrification of Road Transport in Norway: Scenarios and Impacts [J]. Transportation Research Part D: Transport and Environment, 2013, 25 (25): 106-111.

[163] Singh, N., Vives, X. Price and Quantity Competition in A Differentiated Duopoly [J]. RAND Journal of Economics, 1984 (15): 546-554.

[164] Sipes, K. N., Mendelsohn, R. The Effectiveness of Gasoline Taxation to Manage Air Pollution [J]. Ecological Economics, 2001 (36): 299-309.

[165] Small, K. A., Dender, K. V. Fuel Efficiency and Motor Vehicle Travel: The Declining Rebound Effect [J]. Energy Journal, 2007, 28 (1): 25-51.

[166] Song, Y., Shao, M., Liu, Y., et al. Source Apportionment of Ambient Volatile Organic Compounds in Beijing [J]. Environmental Science and Technology,

2007, 41 (12): 4348 - 53.

[167] Stokey, N. L. Are There Limits to Growth? [J]. International Economic Review, 1998 (39): 1 - 31.

[168] Takedaa, S. The Double Dividend from Carbon Regulations in Japan [J]. Journal of The Japanese and International Economies, 2007 (21): 336 - 364.

[169] Tamara, L., Sheldon, R. D. Gasoline Savings from Clean Vehicle Adoption [J]. Energy Policy, 2018 (120): 418 - 424.

[170] Tertre, A. L., Medina, S., Samoli, E., et al. Short - Term Effects of Particulate Air Pollution on Cardiovascular Diseases in Eight European Cities [J]. Journal of Epidemiology and Community Health, 2002, 56 (10): 773 - 779.

[171] Ulph, A. Environmental Policy and International Trade When Governments and Producers Act Strategically [J]. Discussion Paper, 1996 (30): 265 - 281.

[172] United States Department of Transportation. Summary of Travel Trends: 1995 Nation - Wide Personal Transport Survey [R]. Washington DC: Federal Highway Administration, 1999.

[173] United States Department of Transportation. American Travel Survey [R]. Washington DC: Bureau of Transportation Statistics, 1997.

[174] Vedung, E. Public Policy and Program Evaluation [M]. New Brunswick (U. S. A) and London (U. K): Transaction Publishers, 1998.

[175] Wang, G., Bai, S., Joan, M. O. Identifying Contributions of On - Road Motor Vehicles to Urban Air Pollution Using Travel Demand Model Data [J]. Transportation Research Part D: Transport and Environment, 2009, 14 (3): 168 - 179.

[176] Wang, H. K., Fu, L. X., Zhou, Y., et al. Trends in Vehicular Emissions in China's Mega Cities from 1995 to 2005 [J]. Environmental Pollution, 2010, 158 (2): 394 - 400.

[177] Wang, L. F. S., Wang, J. Environmental Taxes in A Differentiated Mixed Duopoly [J]. Economic Systems, 2009, 33 (4): 389 - 396.

[178] Wong, T. W., Lau, T. S., Yu, T. S., et al. Air Pollution and Hospital Admissions for Respiratory and Cardiovascular Diseases in Hong Kong [J]. Occupational

and Environmental Medicine, 1999, 56 (10): 679 – 683.

[179] Wooldridge, J. M. Econometric Analysis of Cross Section and Panel Data [M] . Cambridge: MIT Press, 2010.

[180] Wordley, J., Walters, S., Ayres, J. G. Short Term Variations in Hospital Admissions and Mortality and Particulate Air Pollution [J] . Occupational and Environmental Medicine, 1997, 54 (2): 108 – 116.

[181] Xia, T., Nitschke, M., Zhang, Y., et al. Traffic – Related Air Pollution and Health Co – Benefits of Alternative Transport in Adelaide, South Australia [J] . Environment International, 2015 (74): 281 – 290.

[182] Yan, X., Crockes, R. J. Energy Demand and Emissions from Road Transportation Vehicles in China [J] . Progress in Energy and Combustion Science, 2010, 36 (6): 651 – 676.

[183] Yang, S., He L. Y. Fuel Demand, Road Transport Pollution Emissions and Residents'Health Losses in The Transitional China [J] . Transportation Research Part D: Transport and Environment, 2016 (42): 45 – 59.

[184] Zhang, S. Y., Zhao, J. M. Low – Carbon Futures for Shenzhen's Urban Passenger Transport: A Human – Based Approach [J] . Transportation Research Part D: Transport and Environment, 2018 (62): 236 – 255.

[185] Zhang, W., Guo, J. H., Sun, Y. L., et al. Source Apportionment for Urban PM 10, and PM 2.5, in The Beijing Area [J] . Chinese Science Bulletin, 2007, 52 (5): 608 – 615.

[186] Zhang, Y. J., Peng, H. R., Liu, Z. Direct Energy Rebound Effect for Road Passenger Transport in China: A Dynamic Panel Quantile Regression Approach [J] . Energy Policy, 2015 (87): 303 – 313.

[187] Zhou, X., Feng, C. The Impact of Environmental Regulation on Fossil Energy Consumption in China: Direct and Indirect Effects [J] . Journal of Cleaner Production, 2016 (142): 3174 – 3183.